JN186761

新天理図書館善本叢書
5

明月記

八木書店

例言

一、本叢書は、天理大学附属天理図書館が所蔵する古典籍から善本を選んで編成し、高精細カラー版影印によって刊行するものである。

一、本叢書の第一期は、国史・古記録篇として、全六巻に編成する。

一、本巻は『明月記』として、「治承四・五年記」「正治元年八月他記」「正治元年九月他記」「建仁二年正月他記」「嘉禄三年七月他記」「嘉禄三年八・九月他記」の六巻を収めた。

一、各頁の柱に書名・内容等を略記し、料紙の紙数を各紙右端の下欄に表示した。

一、「正治元年八月他記」「正治元年九月他記」「嘉禄三年七月他記」に関わる附属文書については、巻末に一括して掲載した。

一、解題は尾上陽介氏（東京大学史料編纂所准教授）が執筆し、本巻の末尾に収載する。

平成二十七年十二月

天理大学附属天理図書館

目次

治承四・五年記

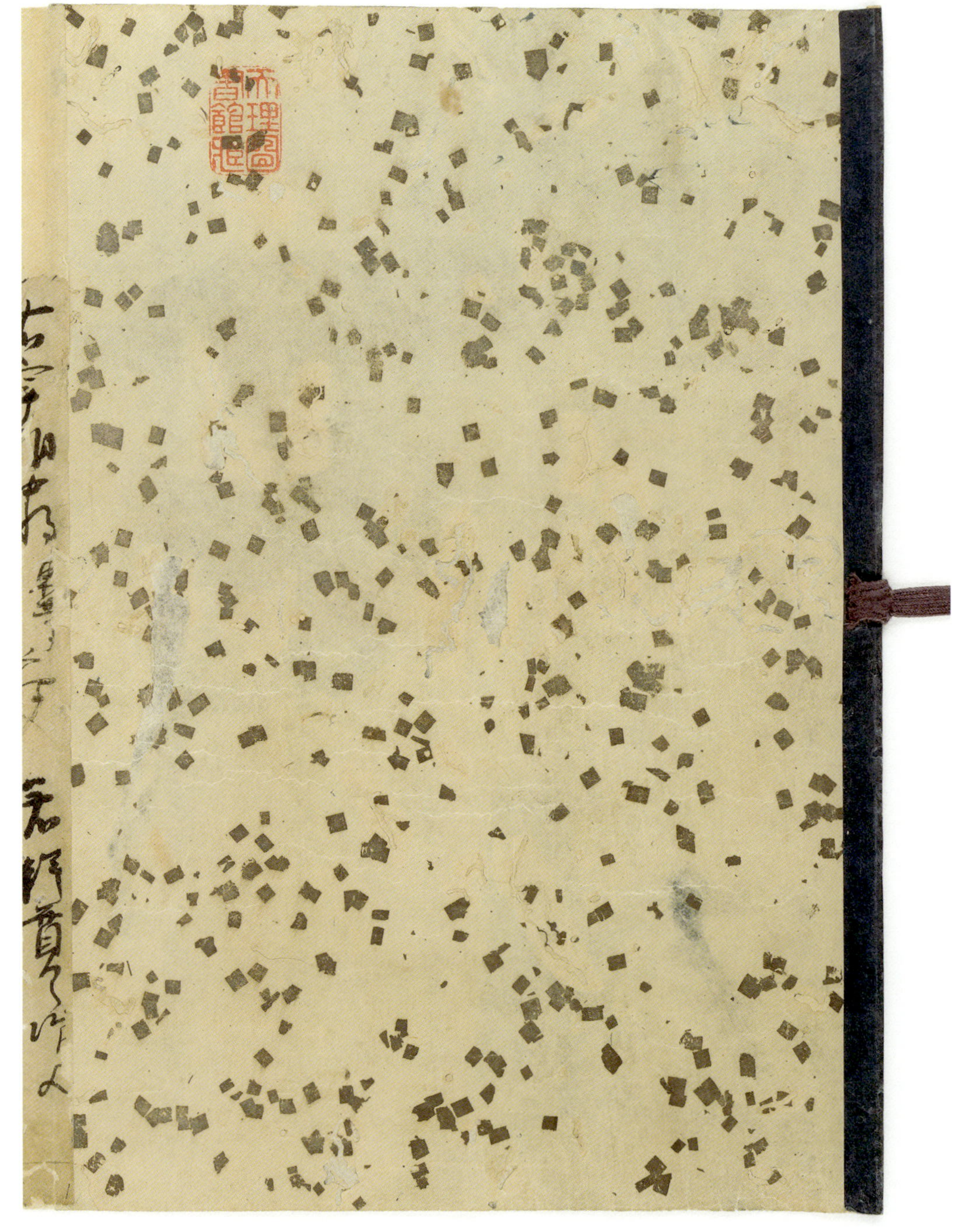

明月記　治承四・五年記　見返し

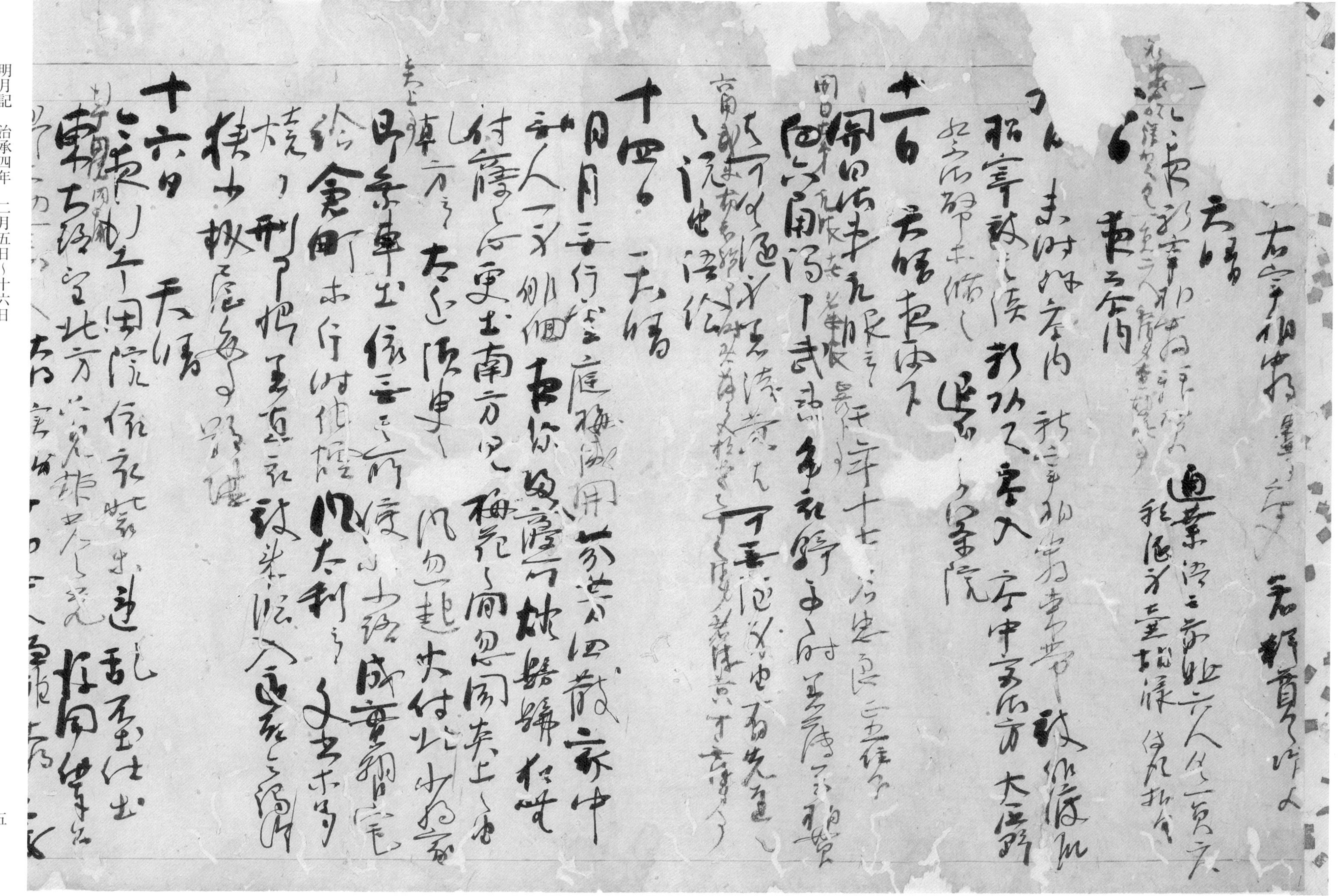

(1)

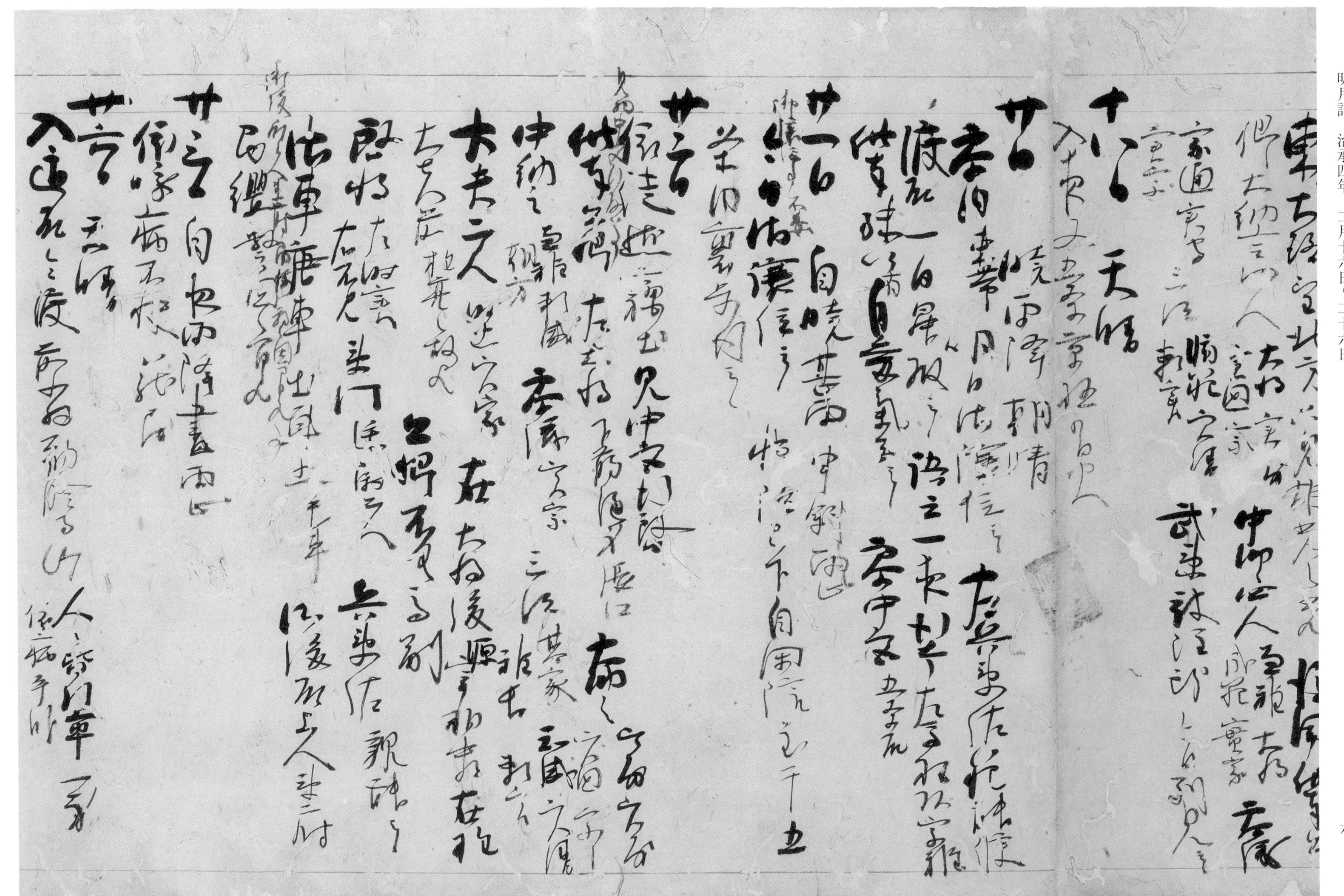

（2）

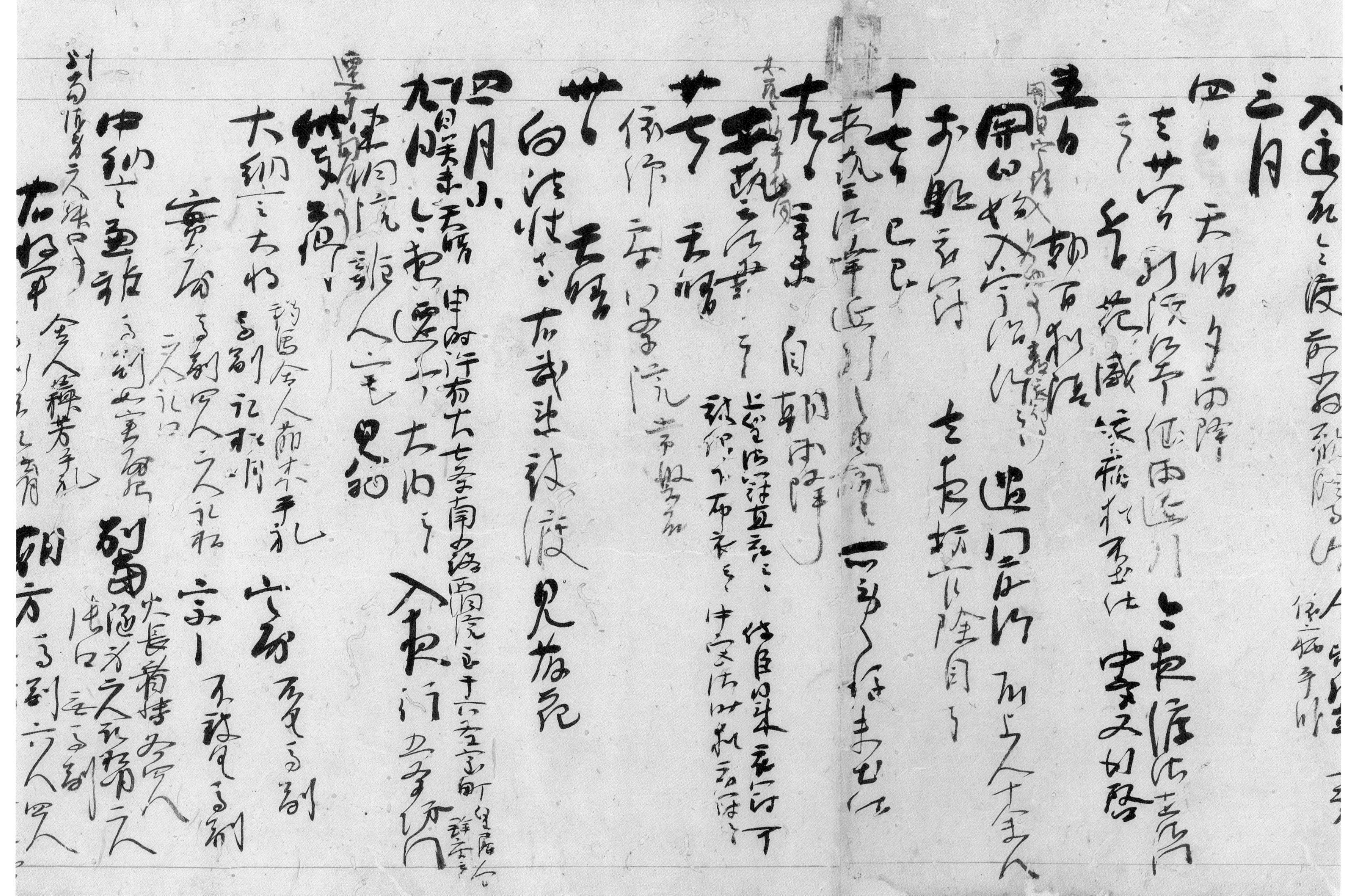

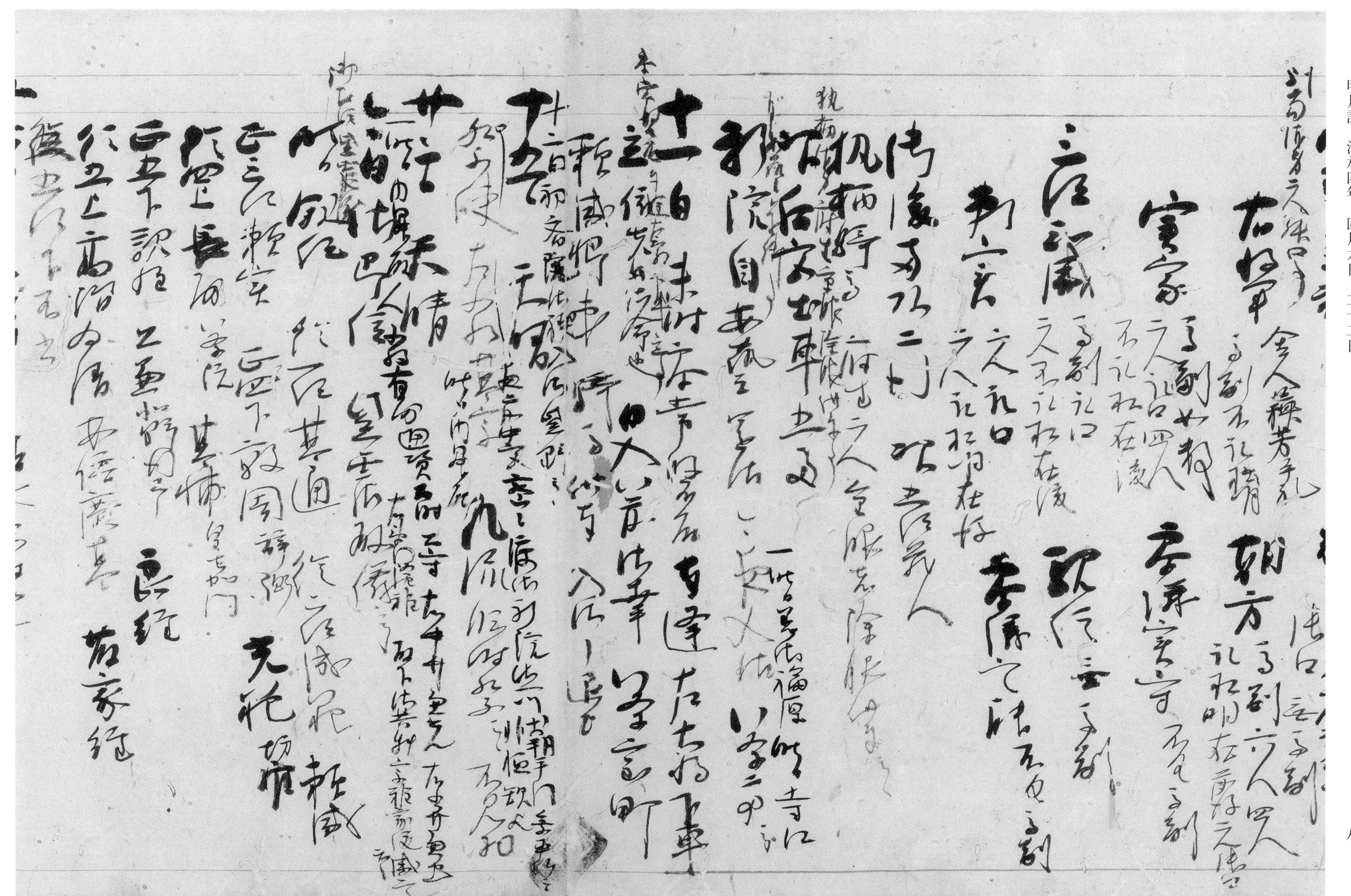

（5）

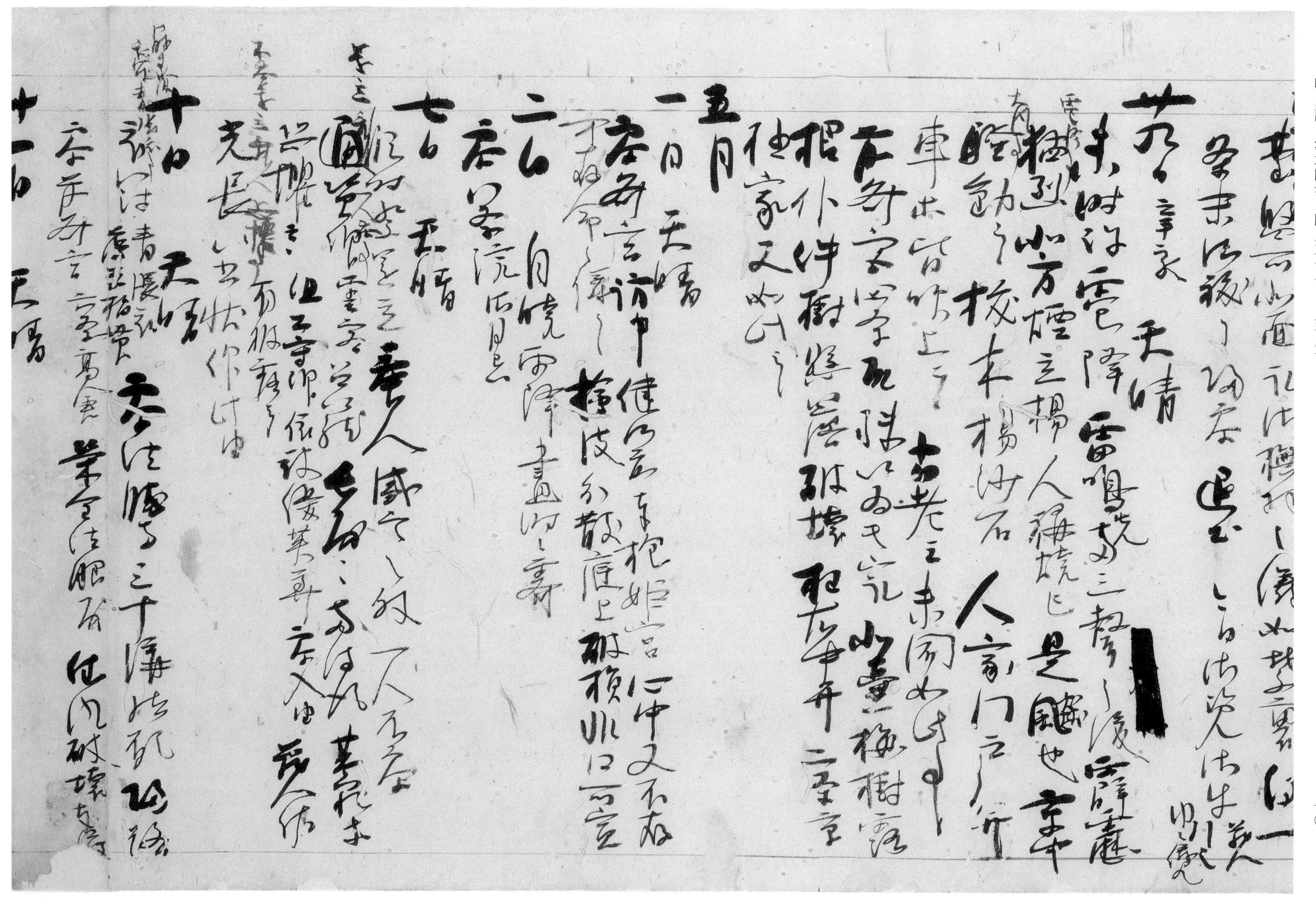

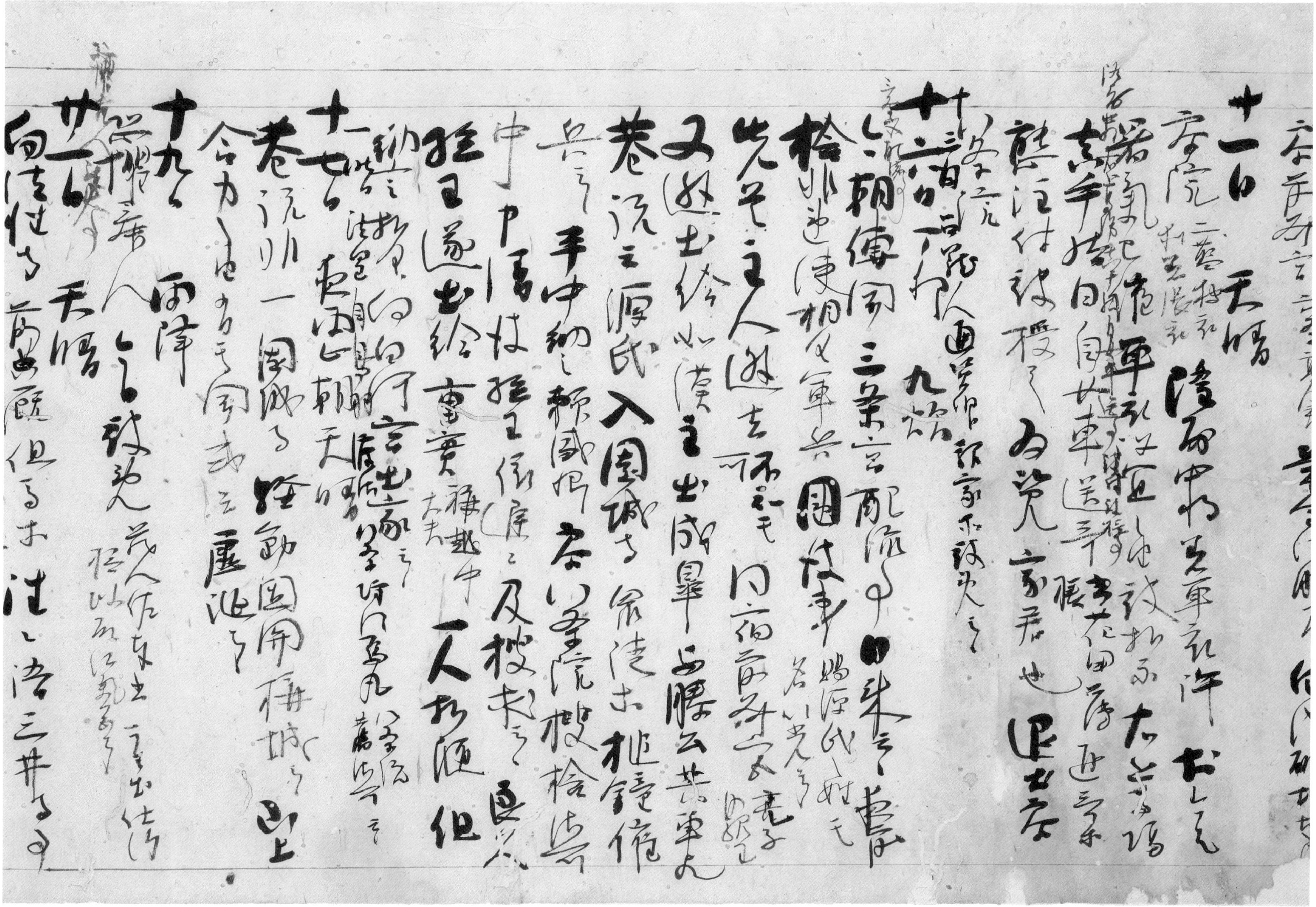

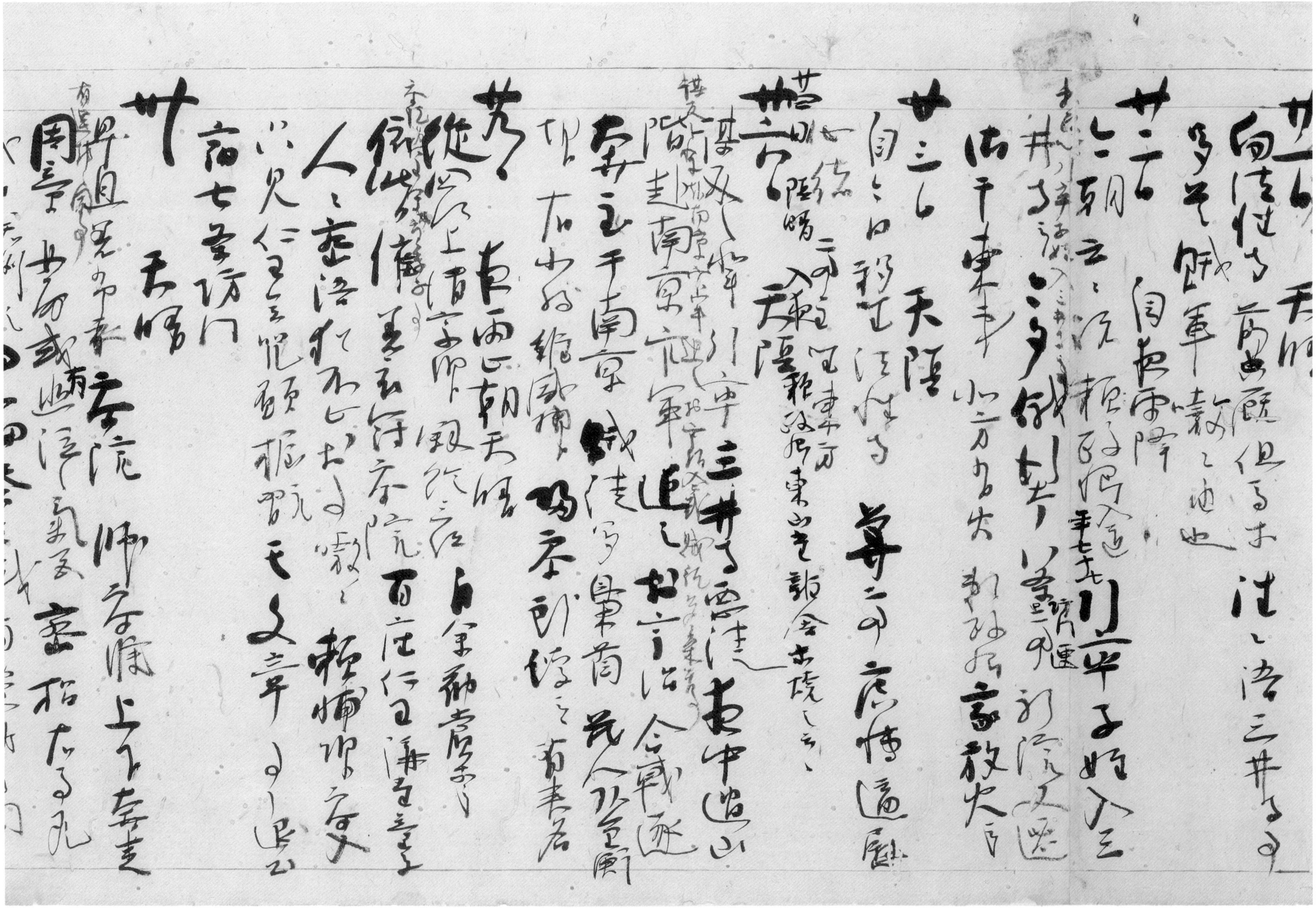

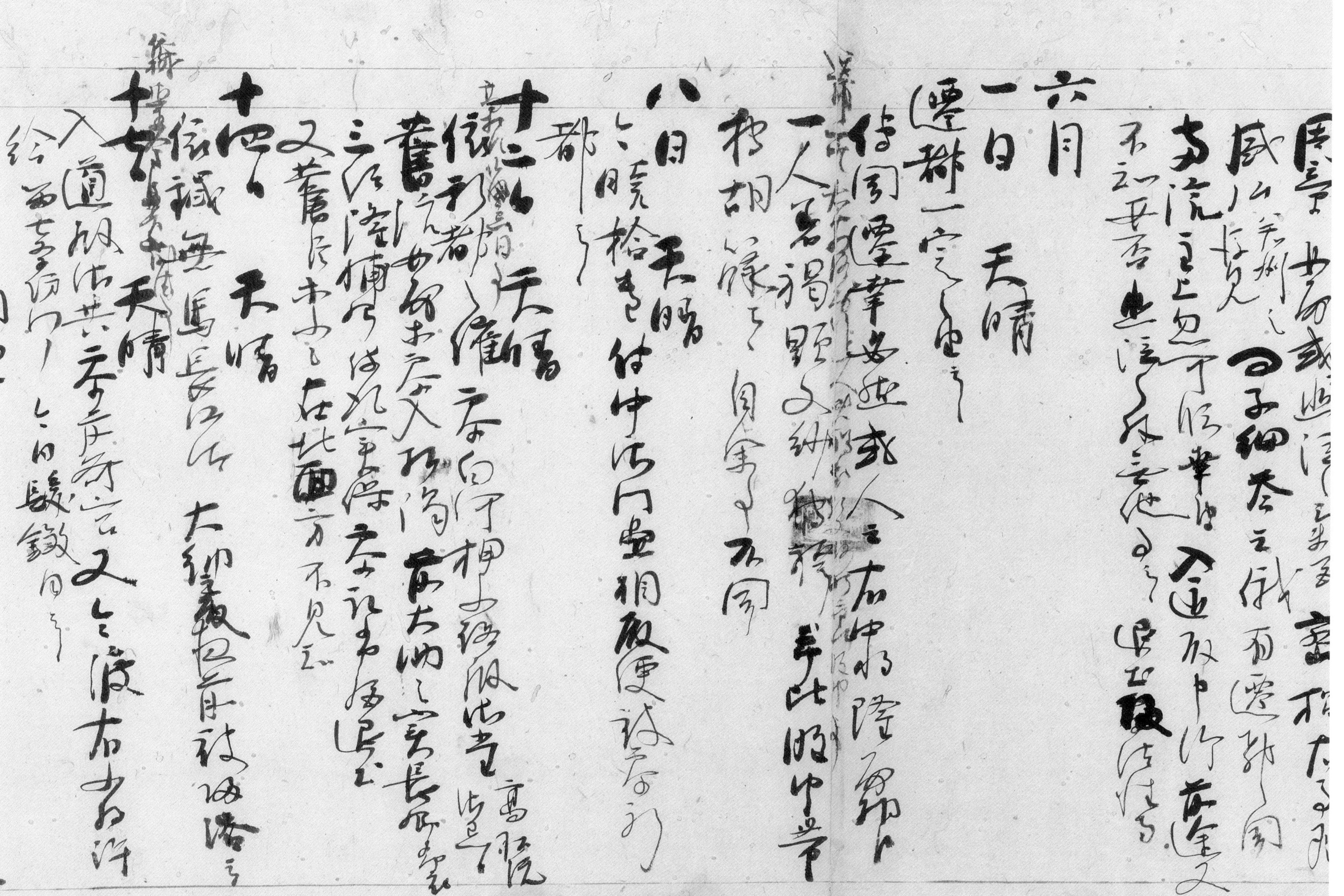

（8）

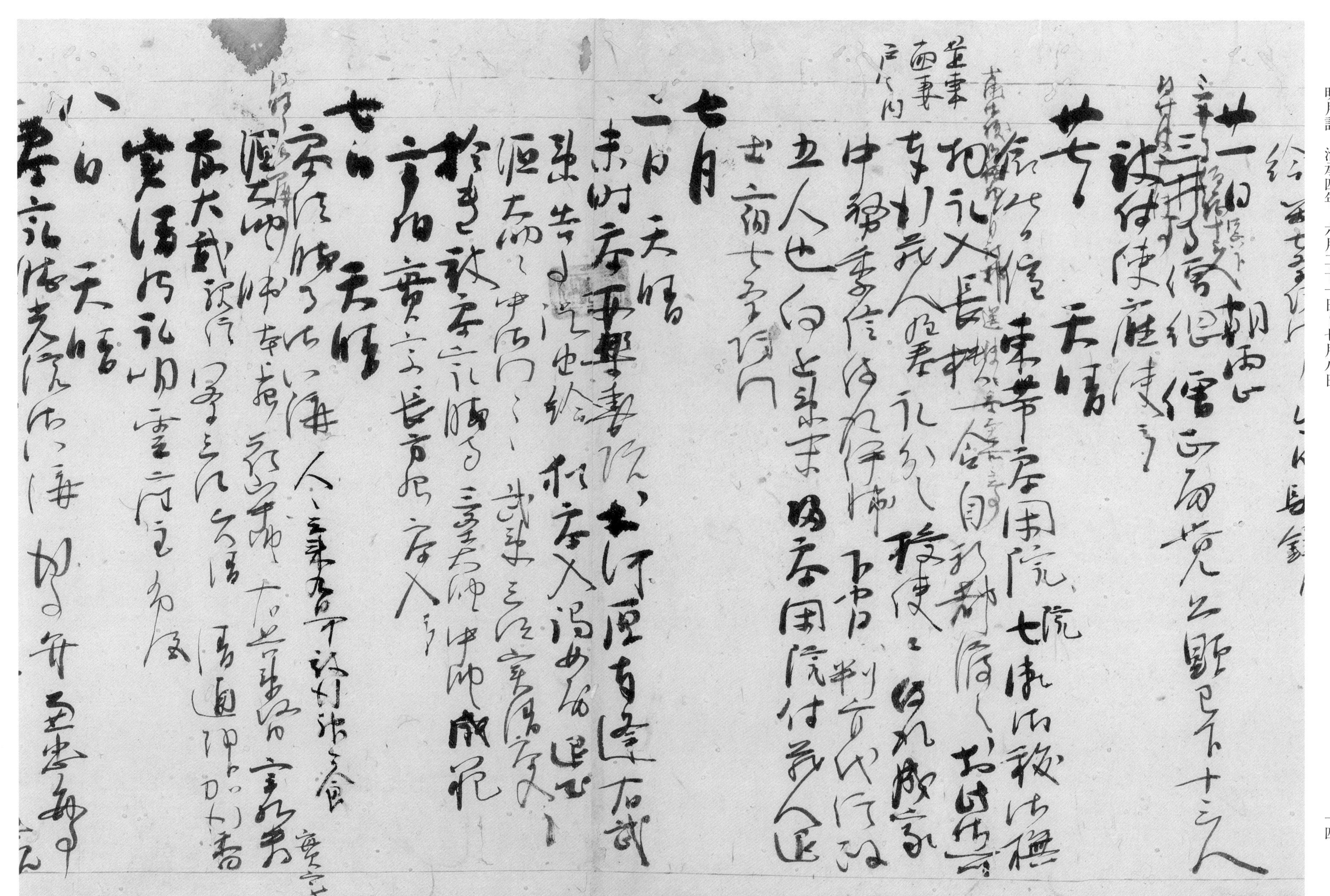

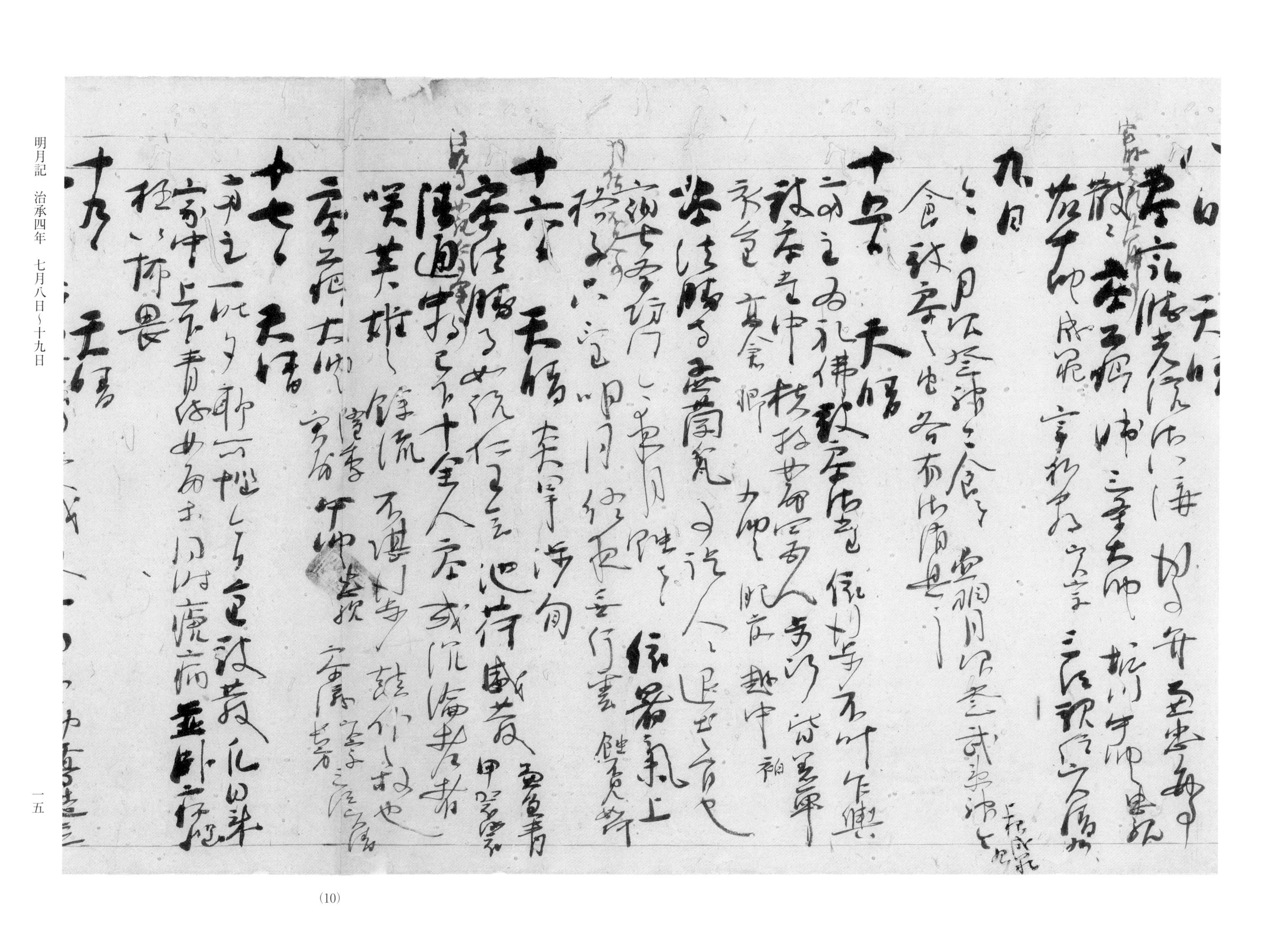

（10）

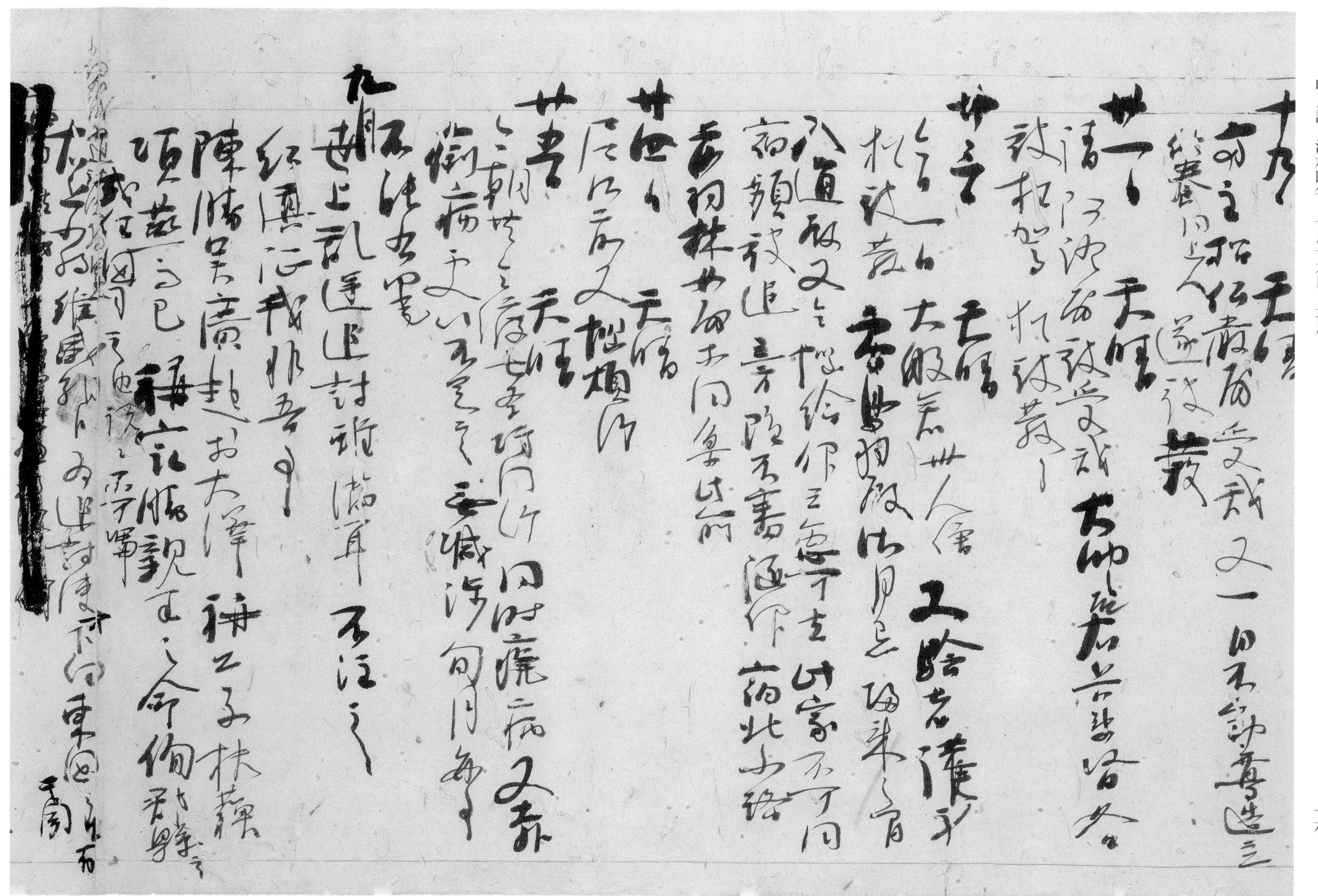

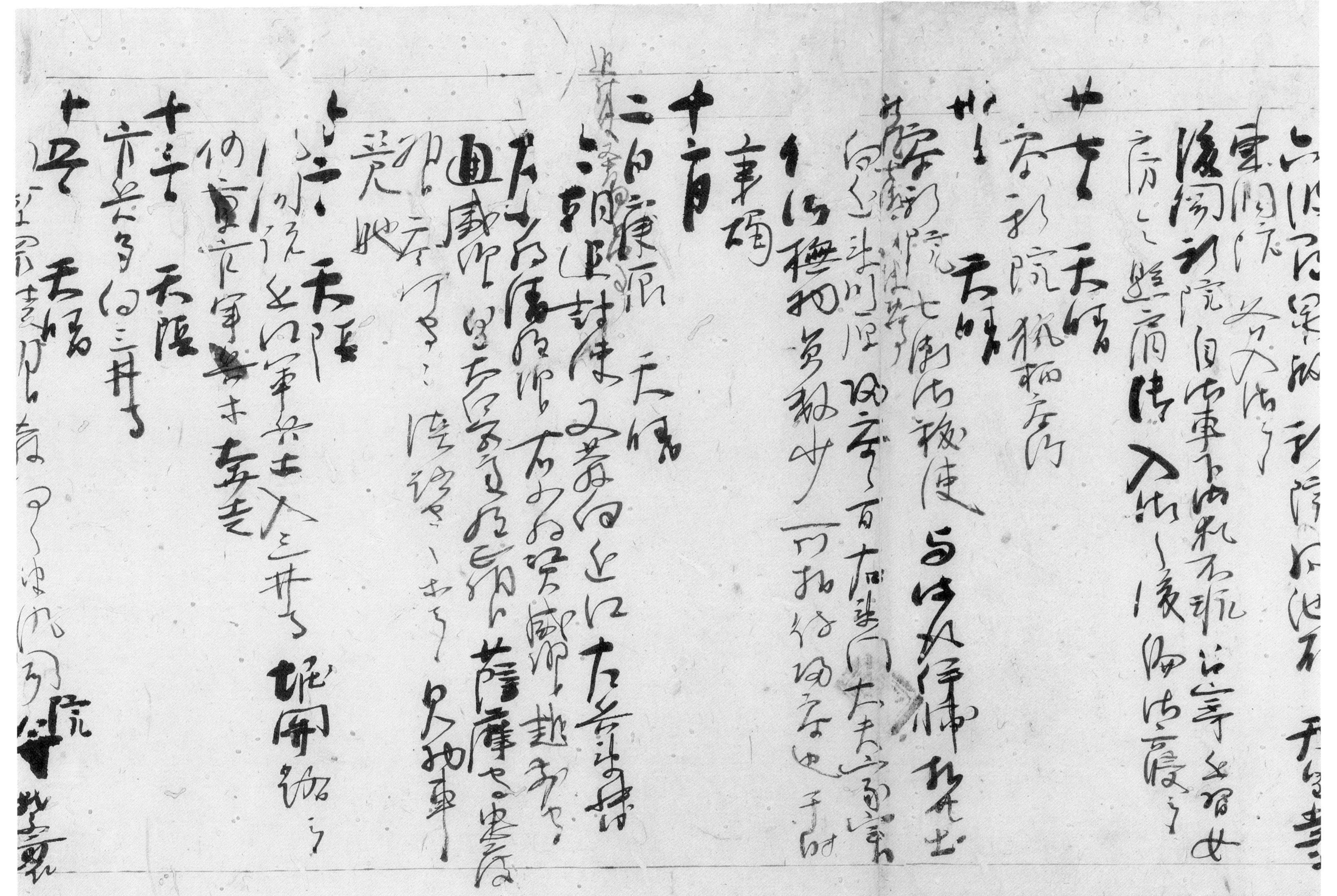

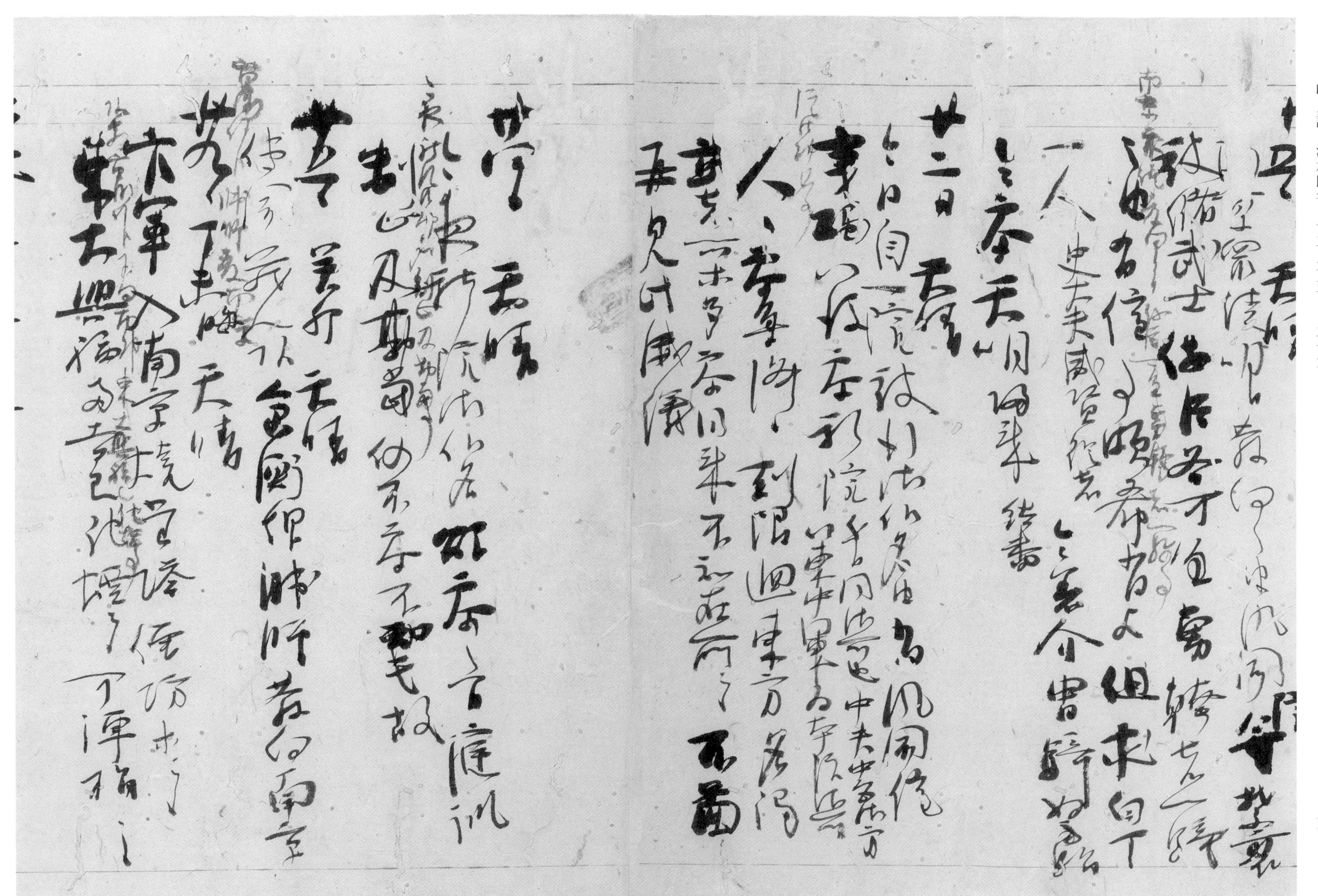

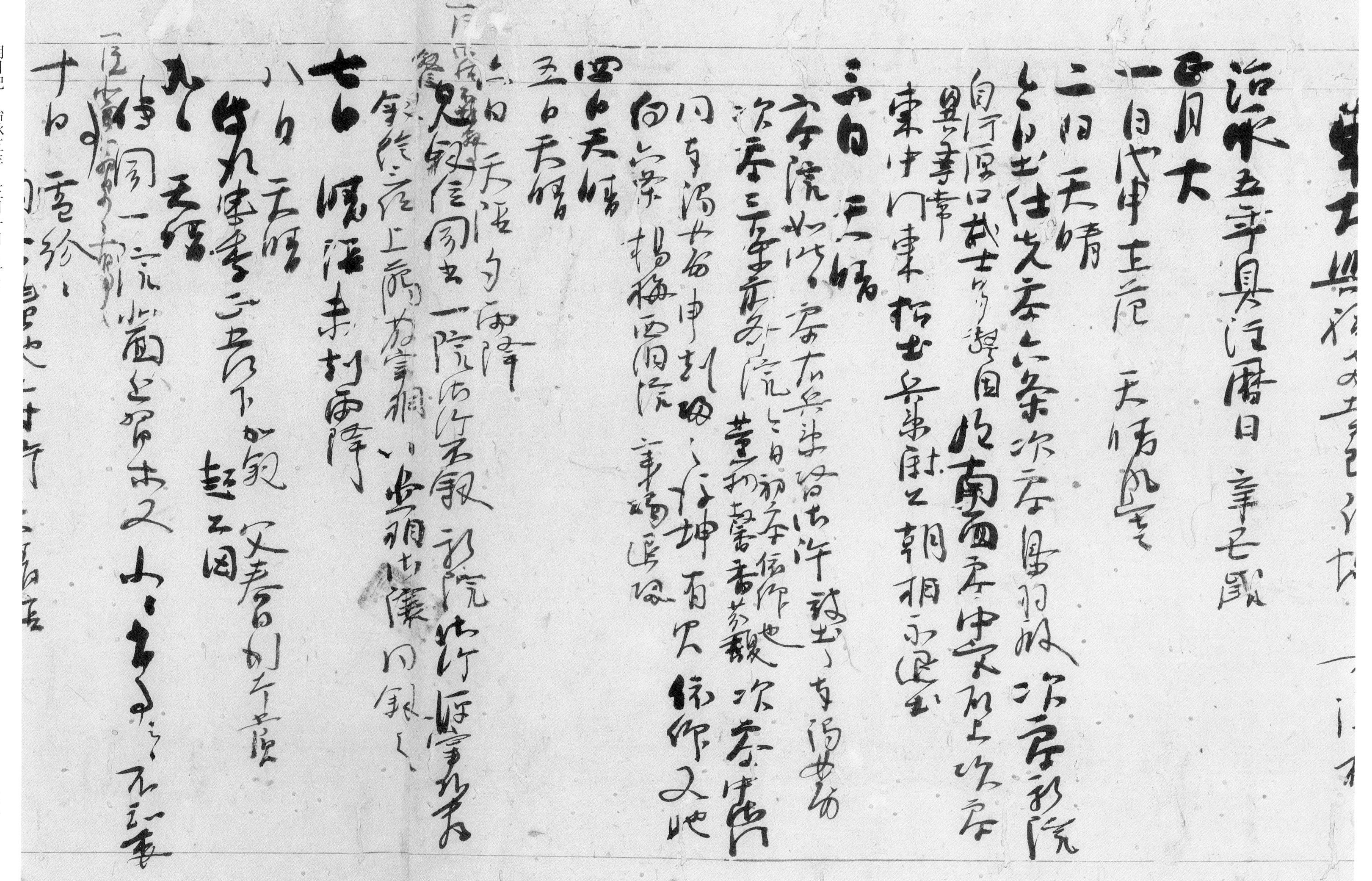

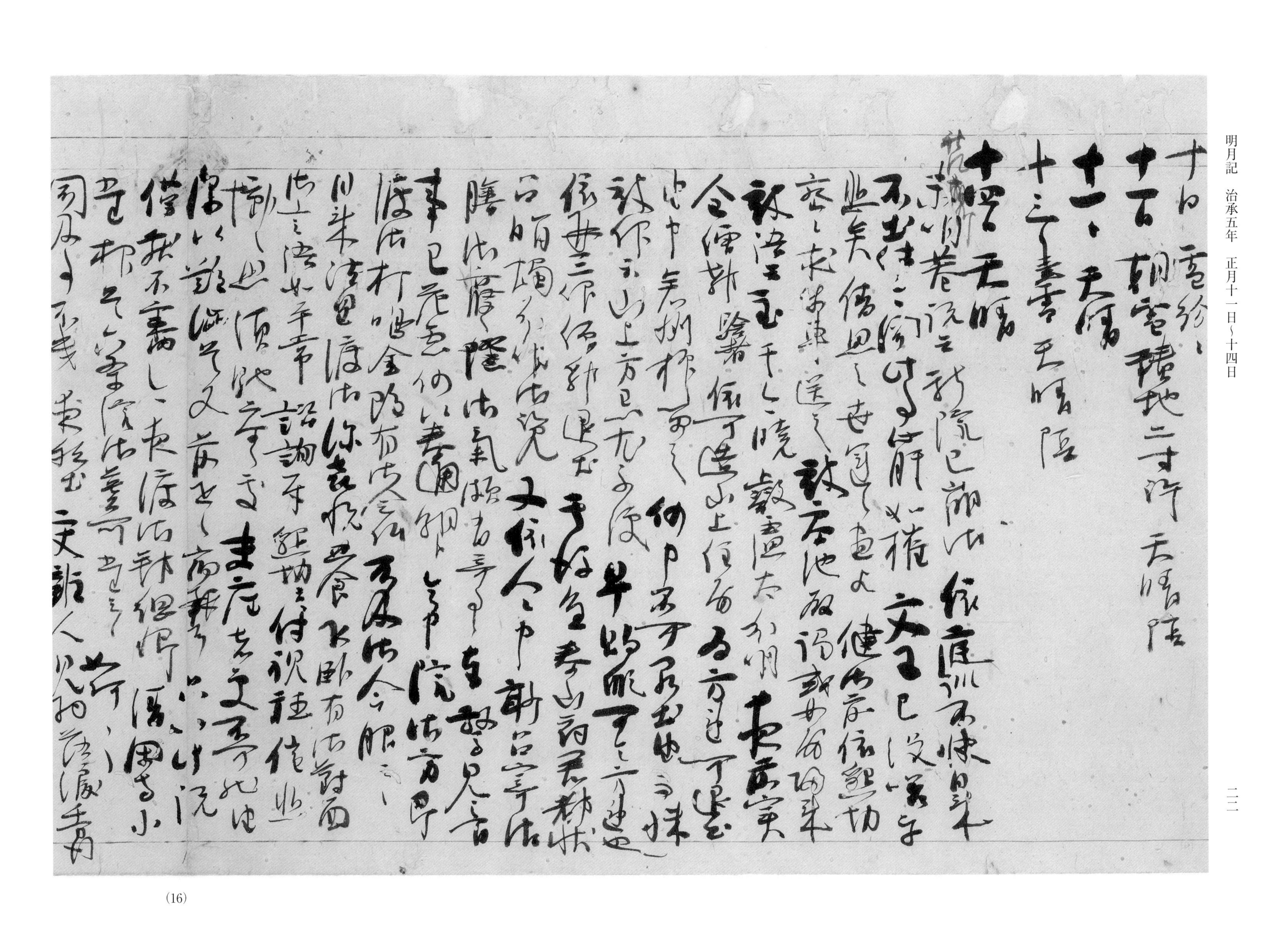

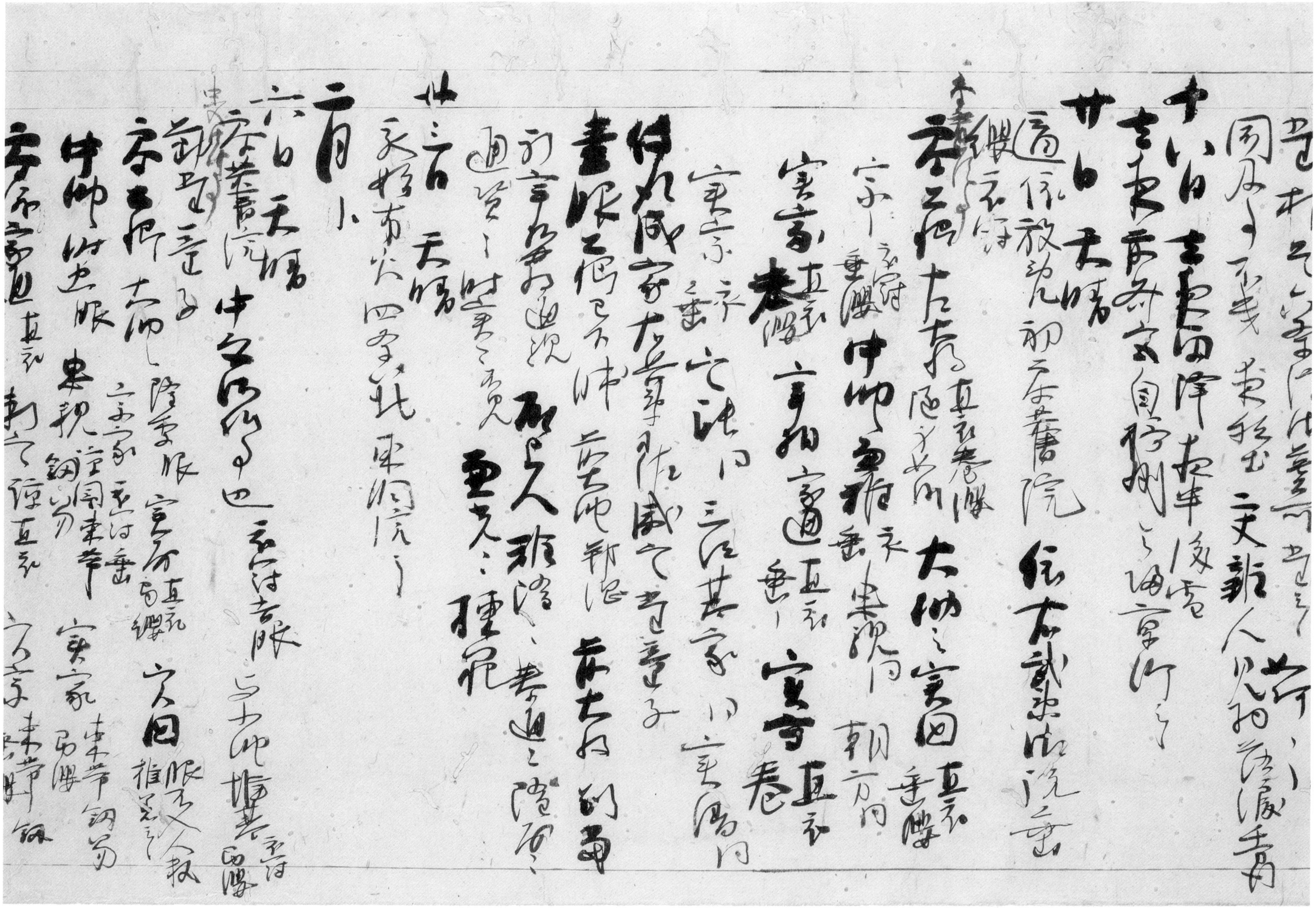

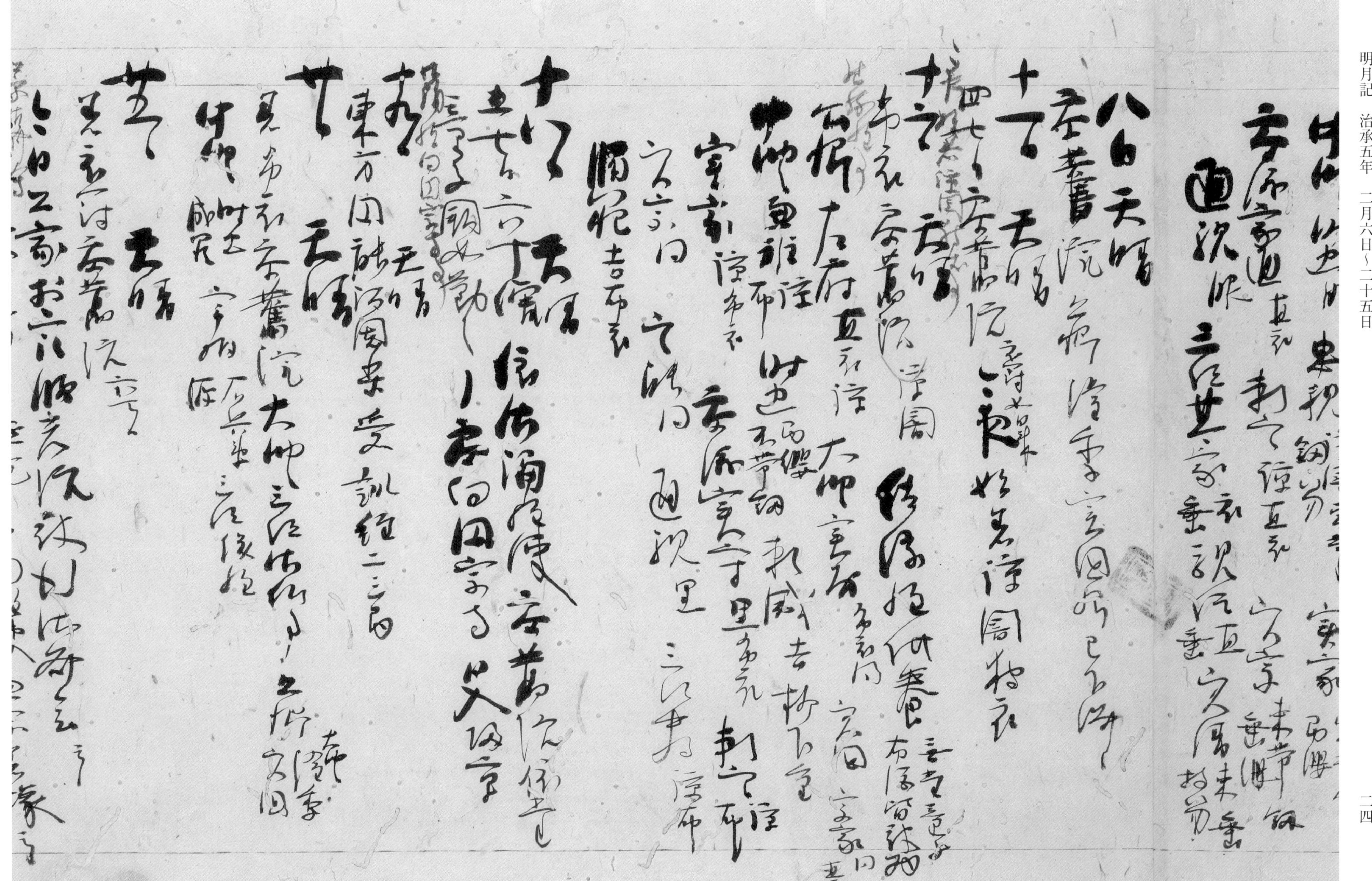

[illegible]

廿六日　天晴

[illegible]

廿七日　天晴陰

[illegible]

閏二月小

三日　天晴陰

[illegible]

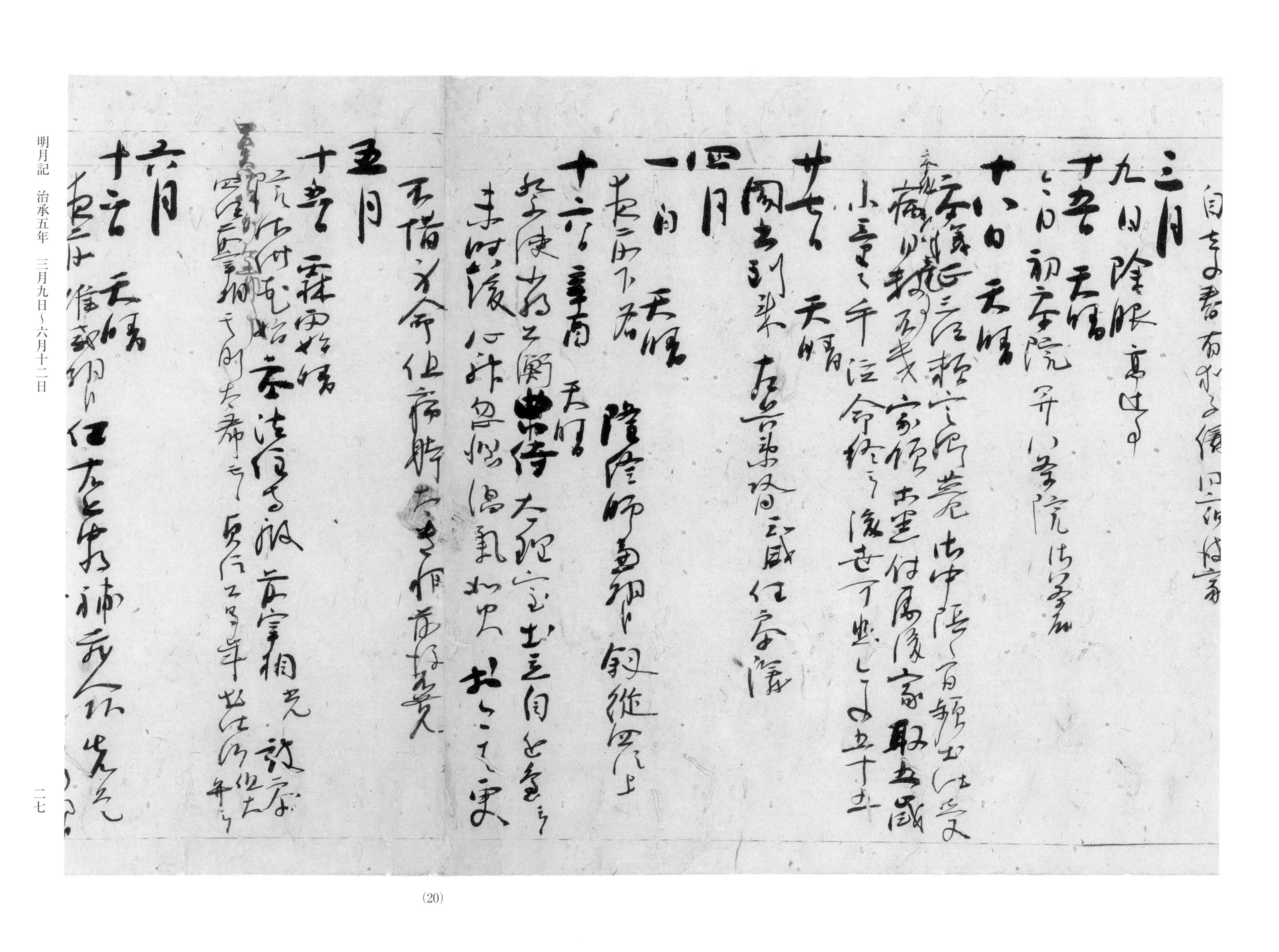

三月

九日　陰

十五日　天晴

十六日　天晴

廿七日　天晴

四月

一日　天晴

十六日　辛酉　天晴

五月

十二日　霖雨始晴

六月

十二日　天晴

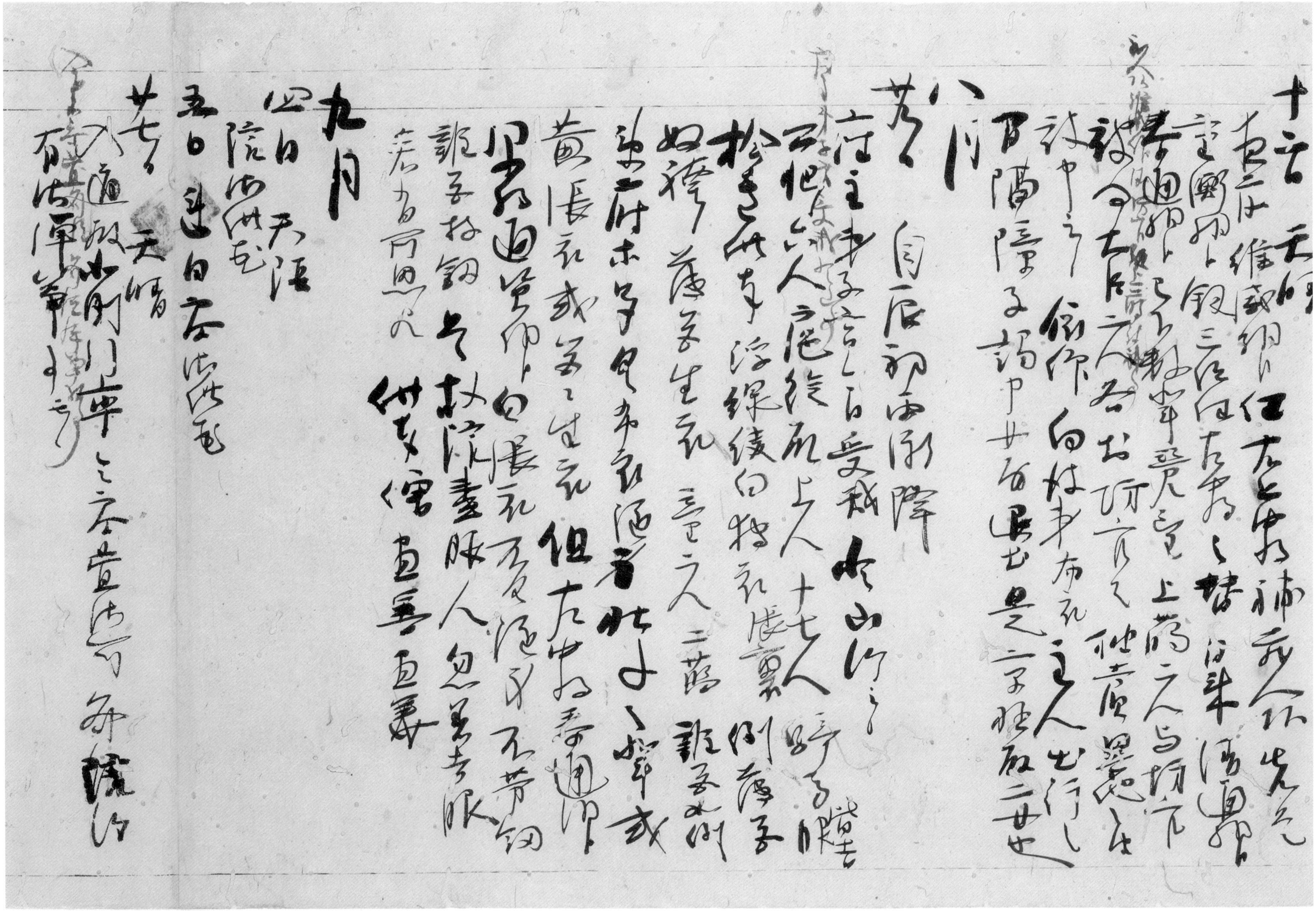

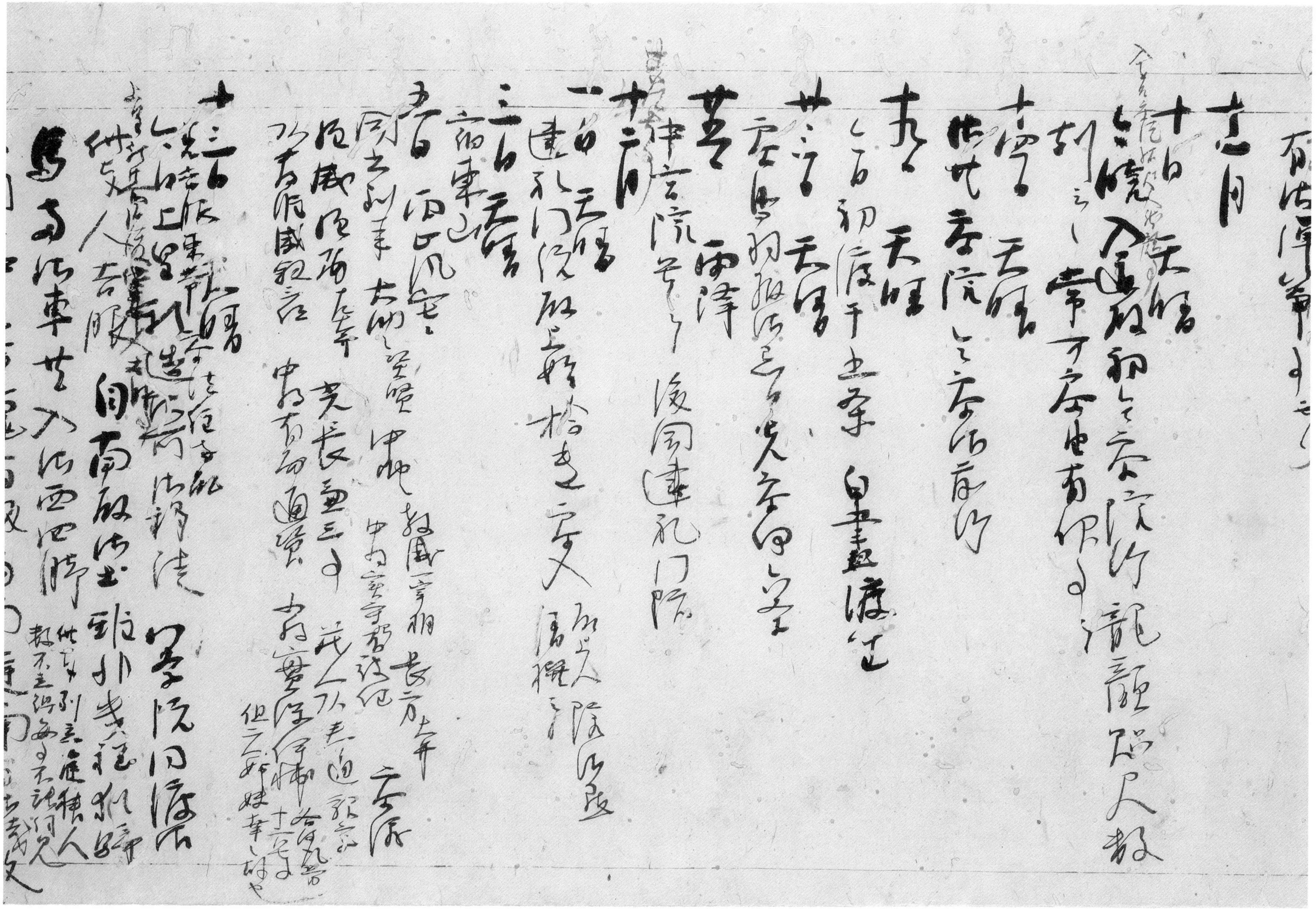

（継紙）　(22)

紙継目紙背（第21紙－第22紙・第22紙－継紙）

（21）　（22）

正治元年八月他記

明月記
2104
イ77
1

明月記　正治元年八月他記　見返し

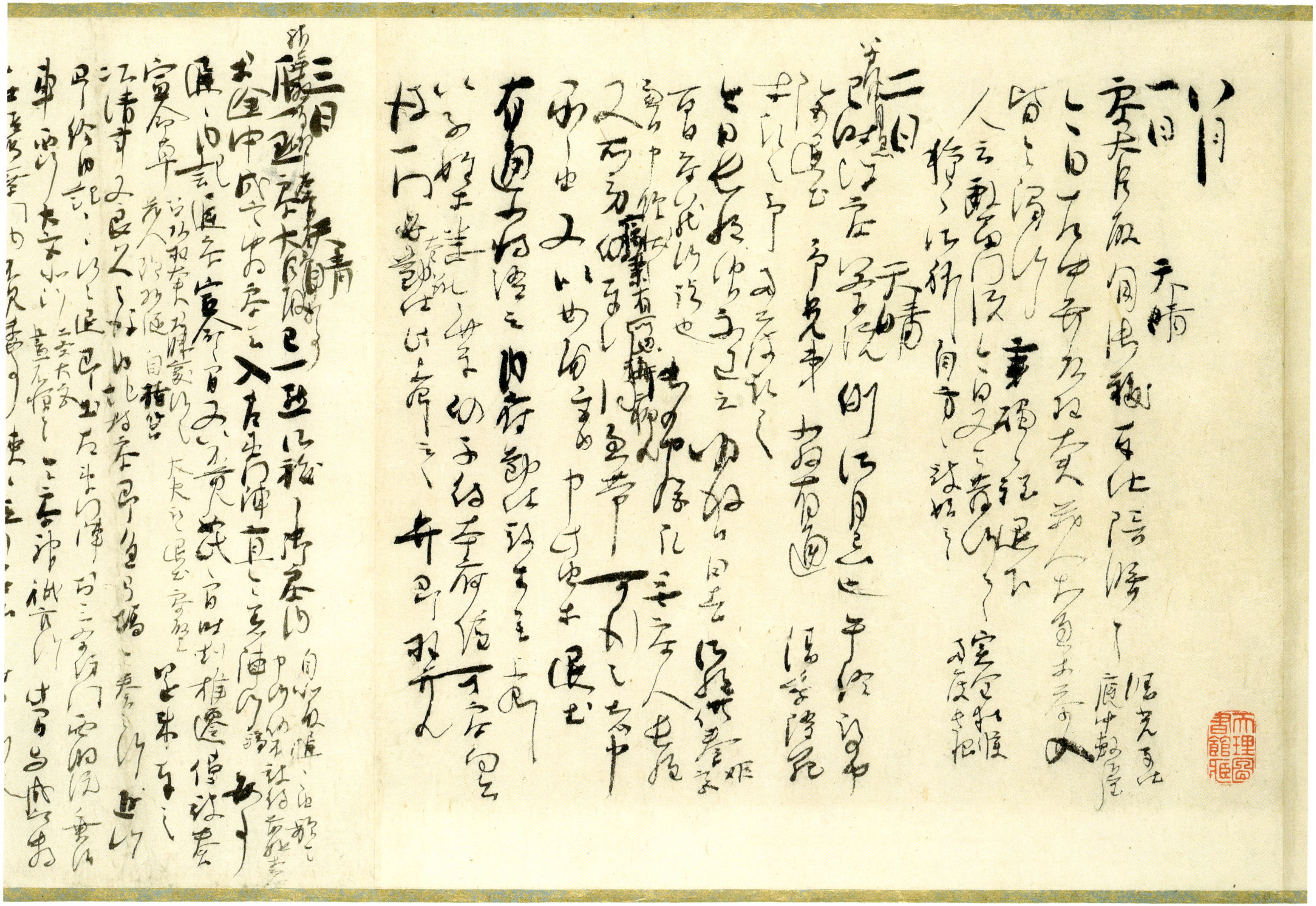

（2）　　（1）

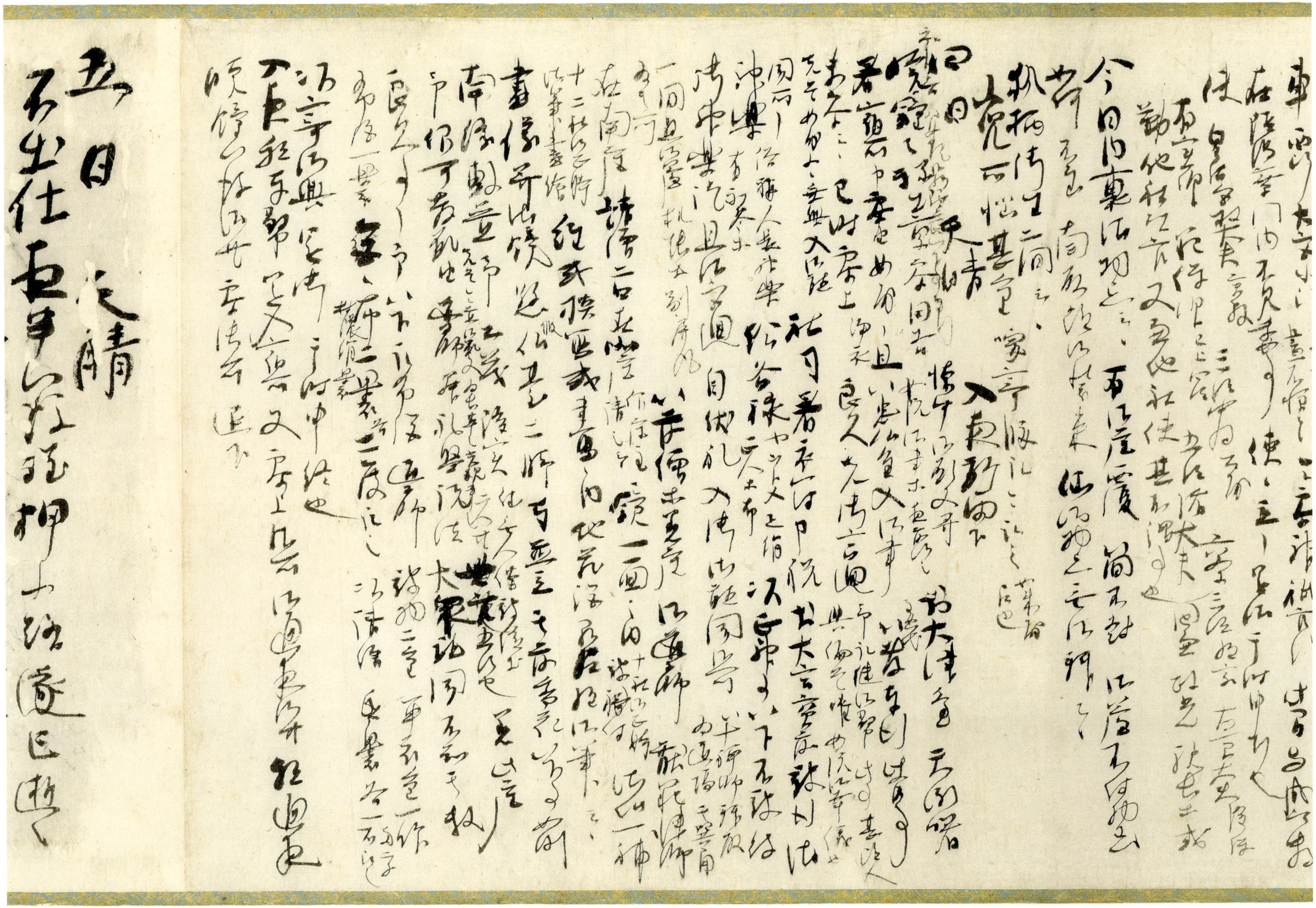

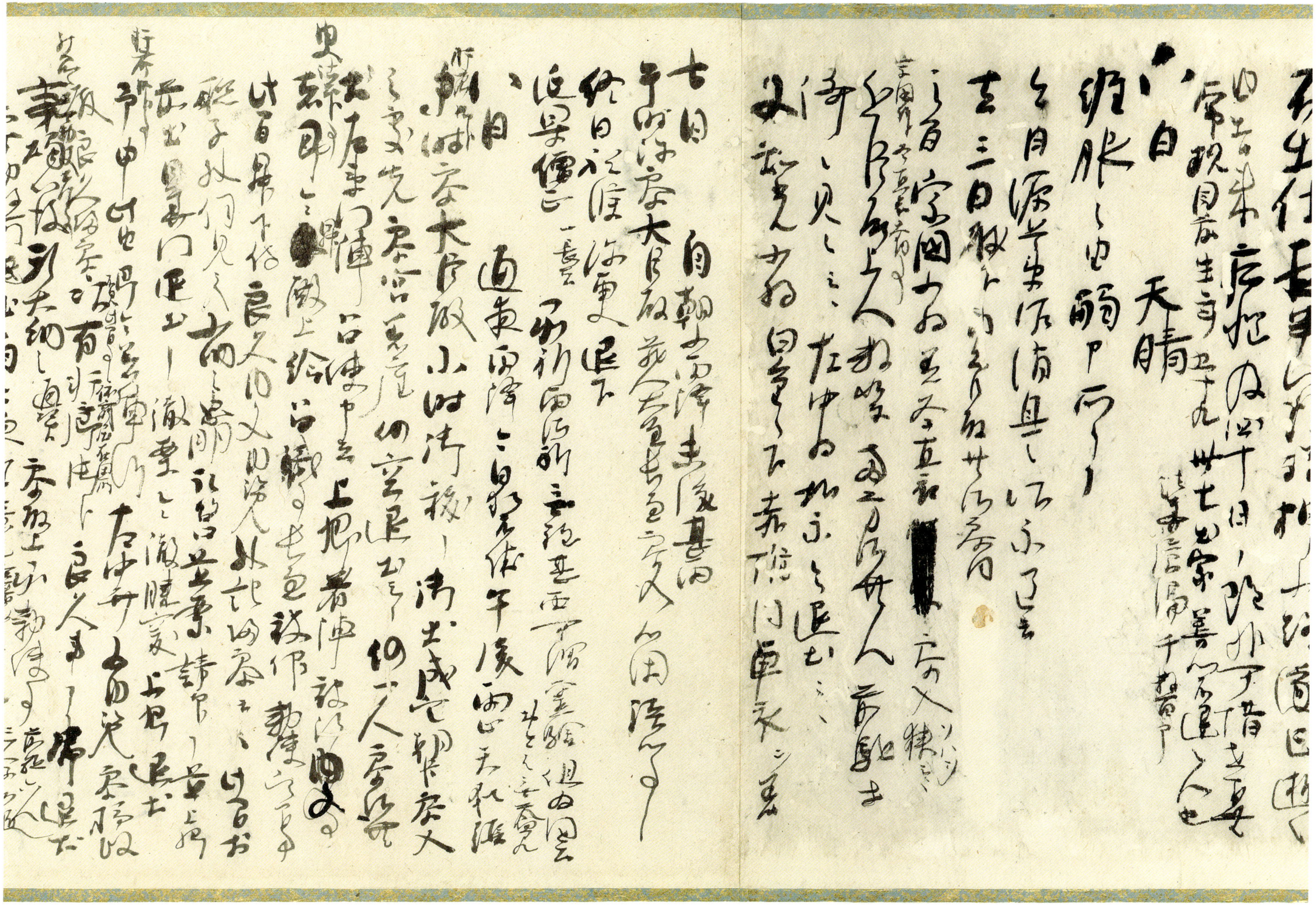

明月記　建久七年　四月五日・六日／正治元年　八月七日・八日

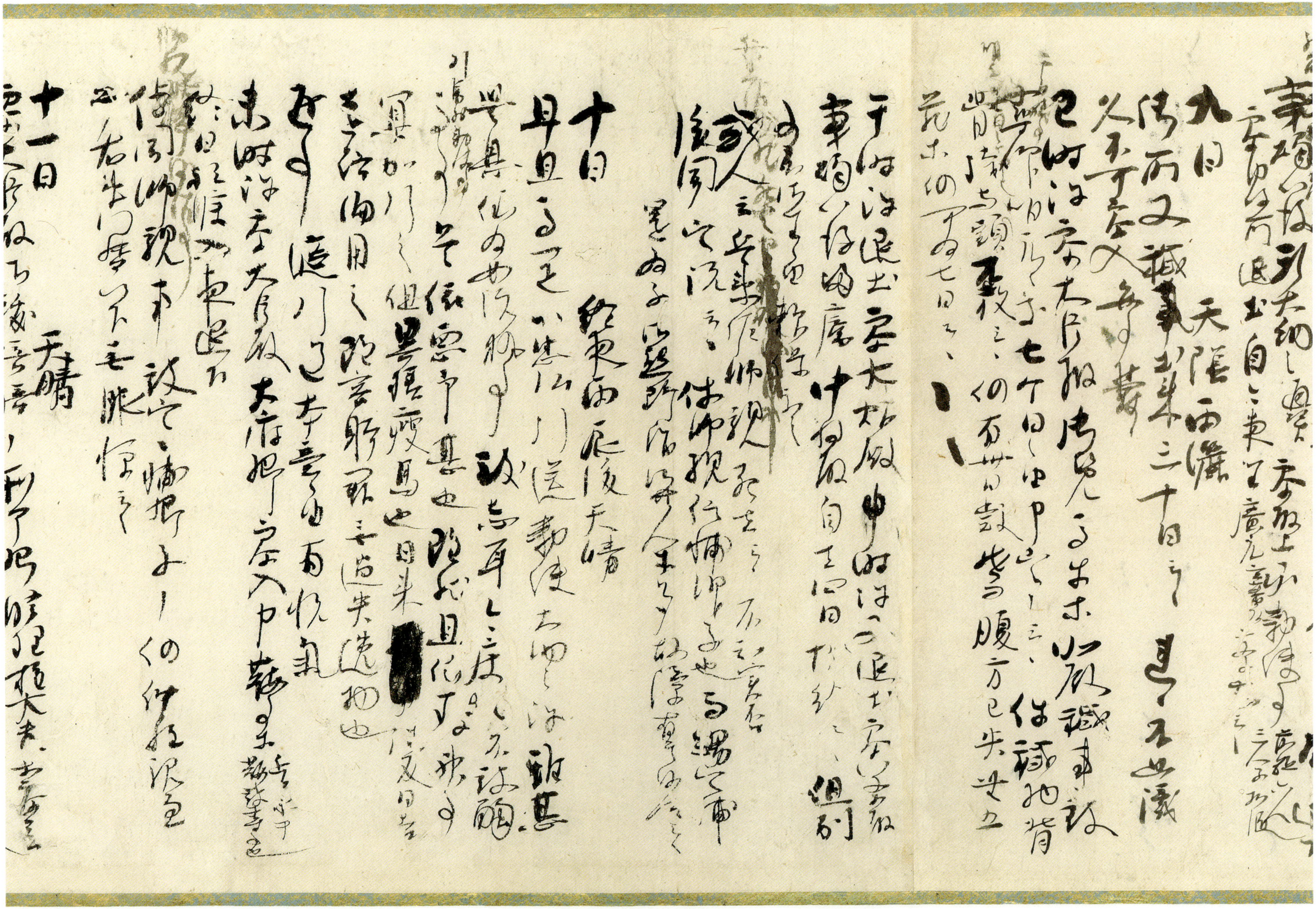

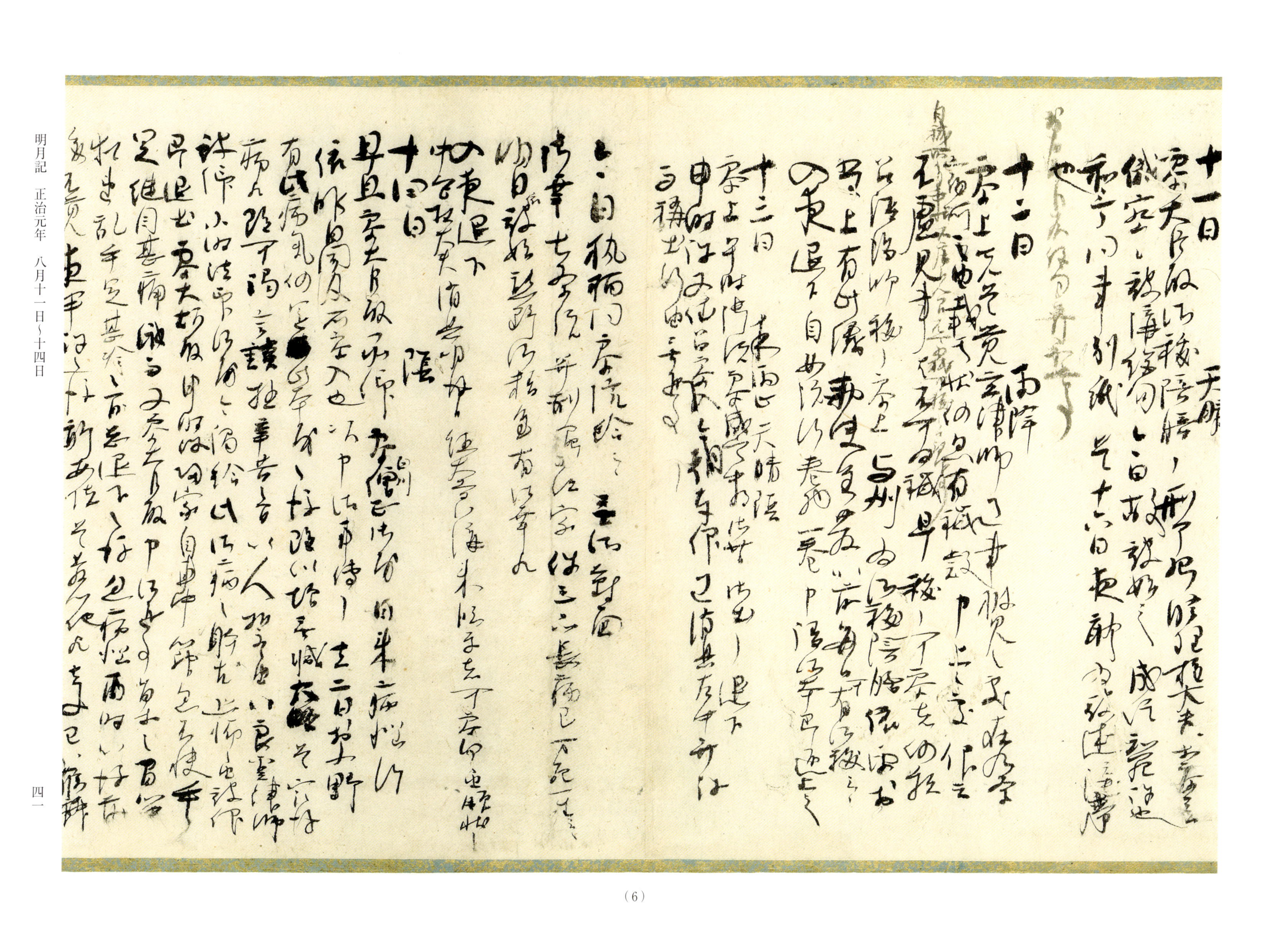

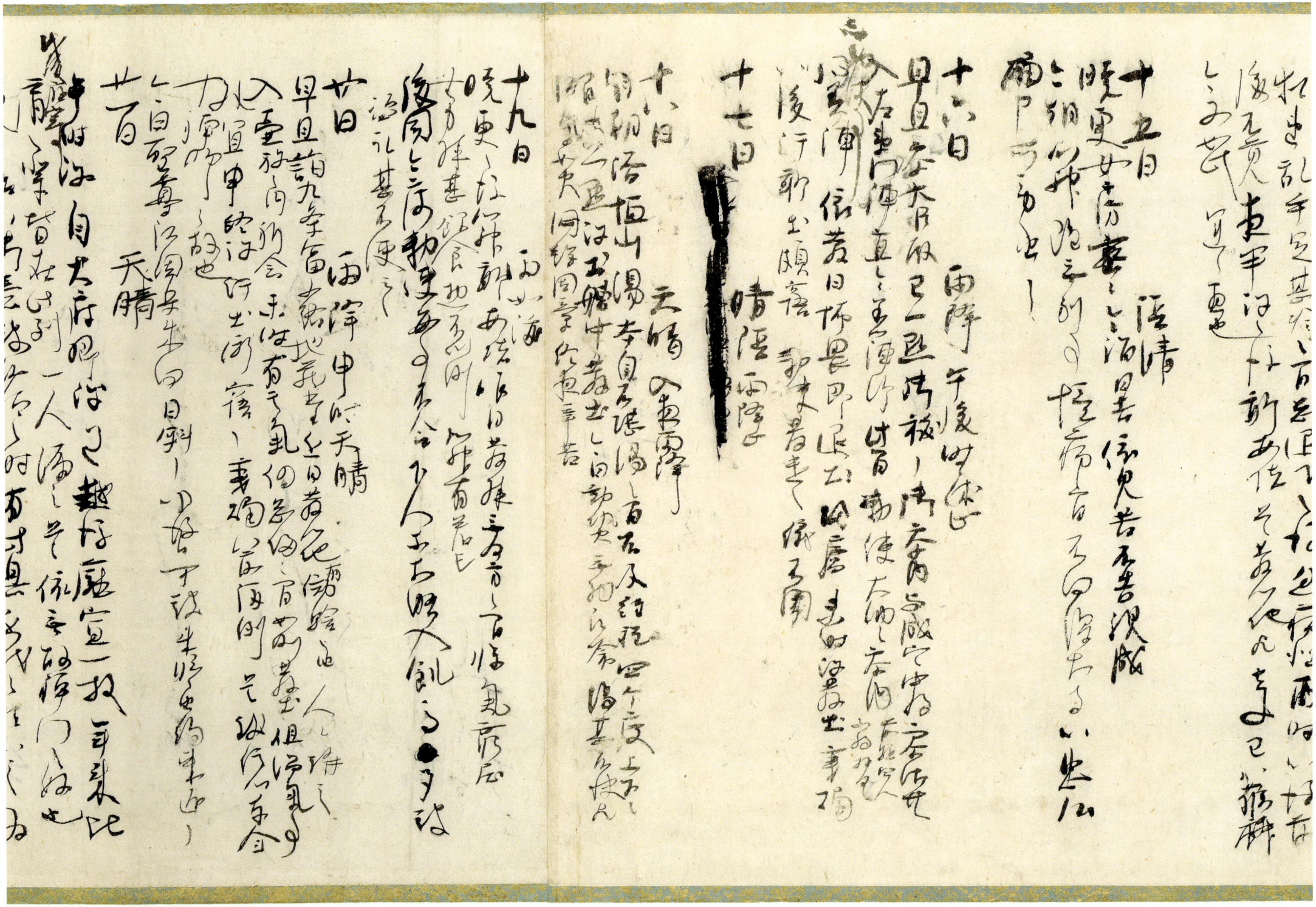

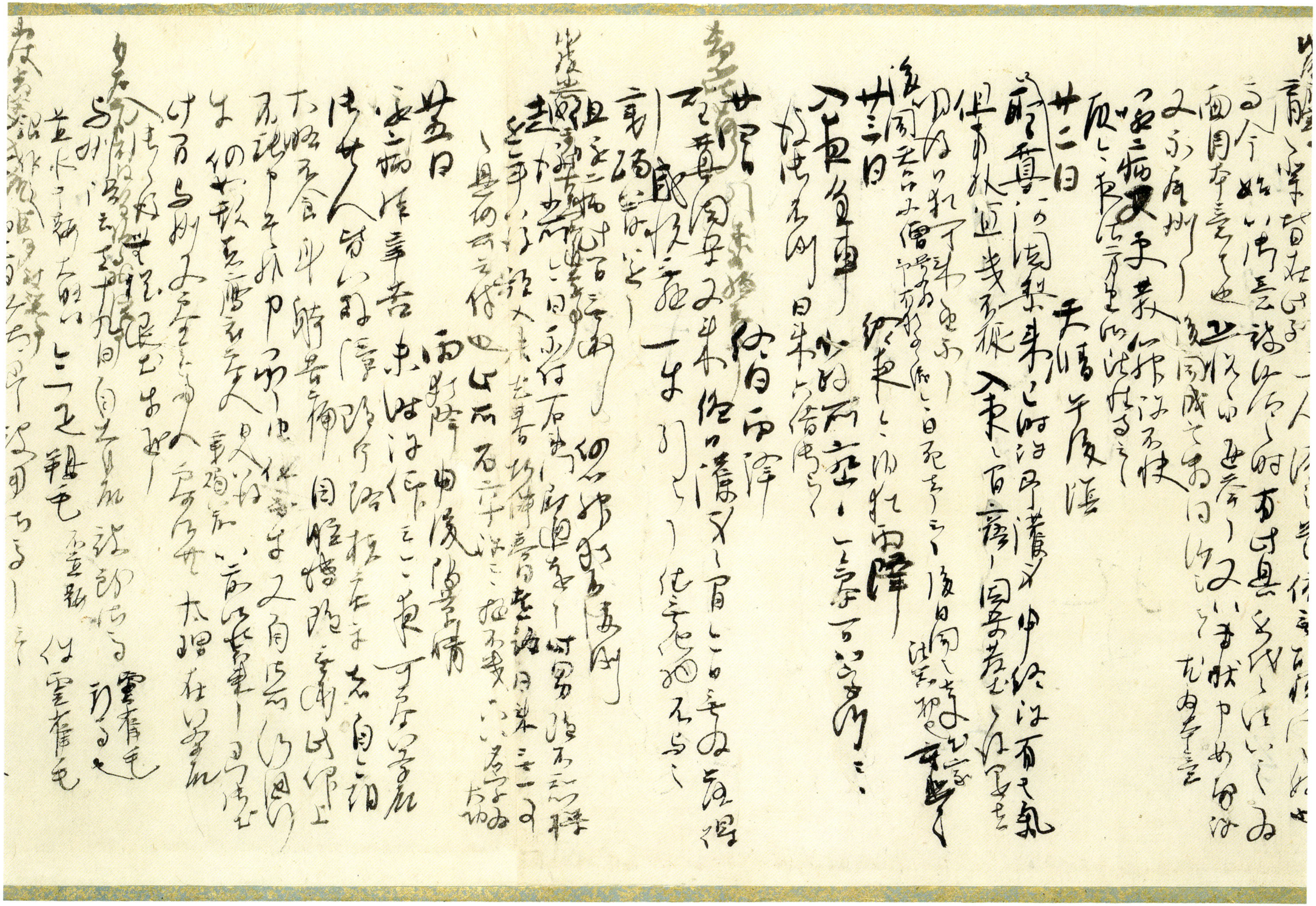

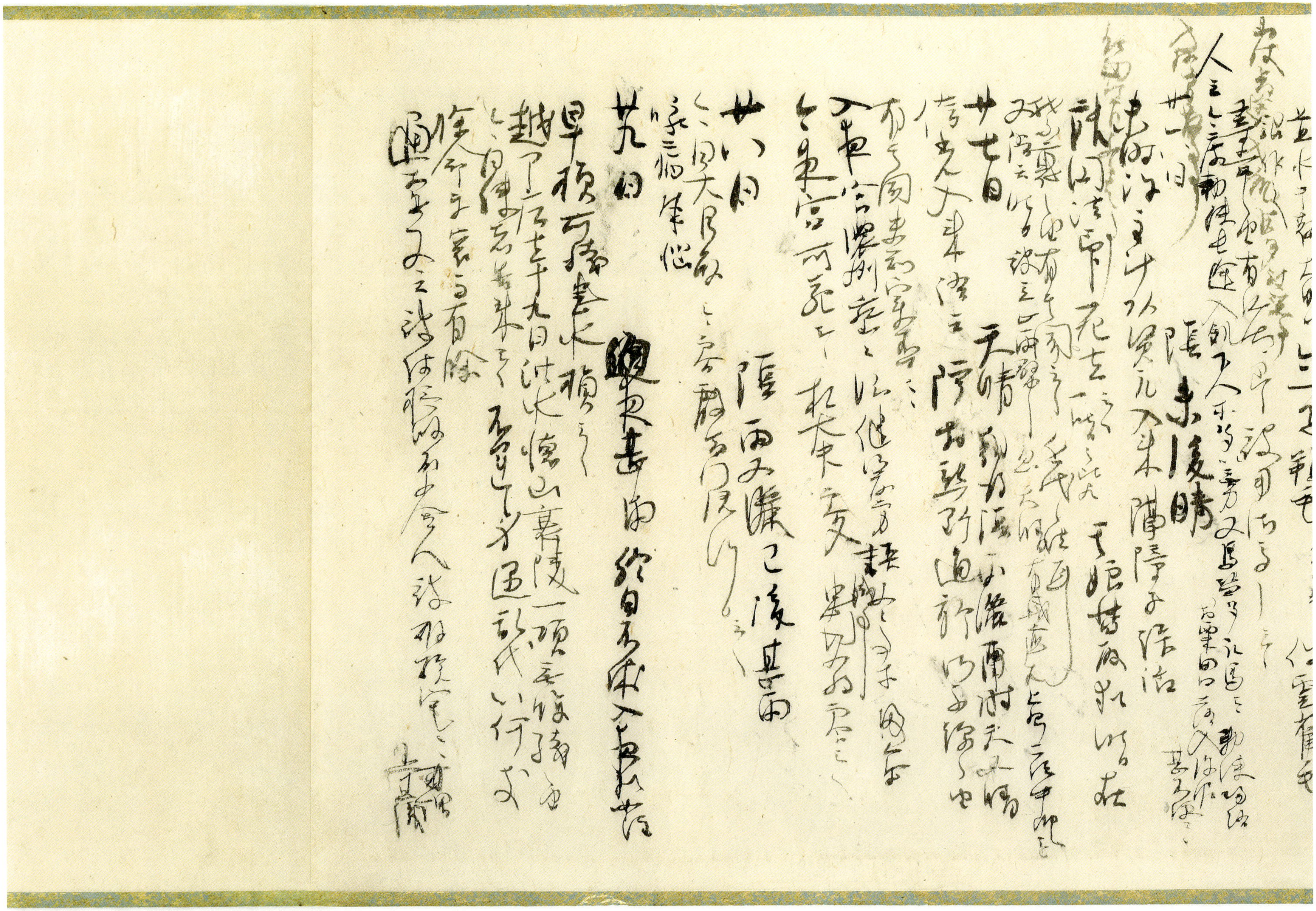

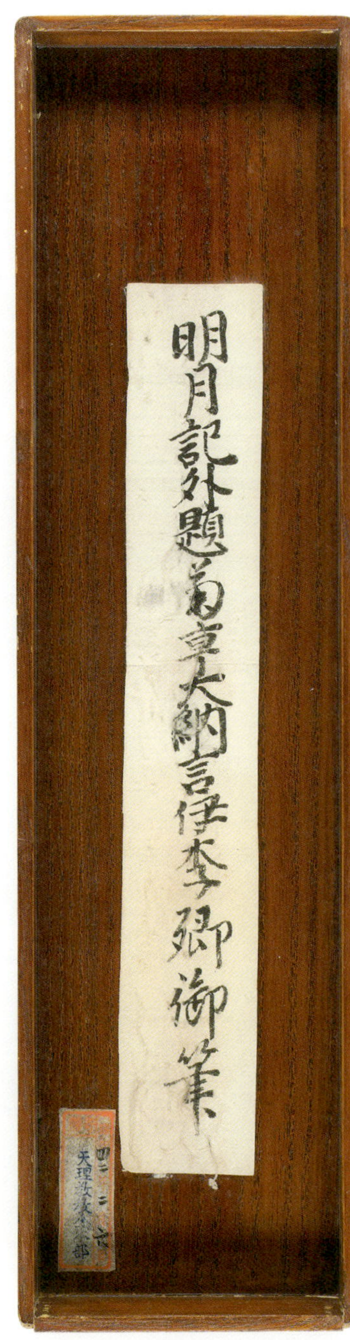

外題銘書付

正治元年九月他記

明月記　正治元年九月他記　表紙

明月記　正治元年九月他記　見返し

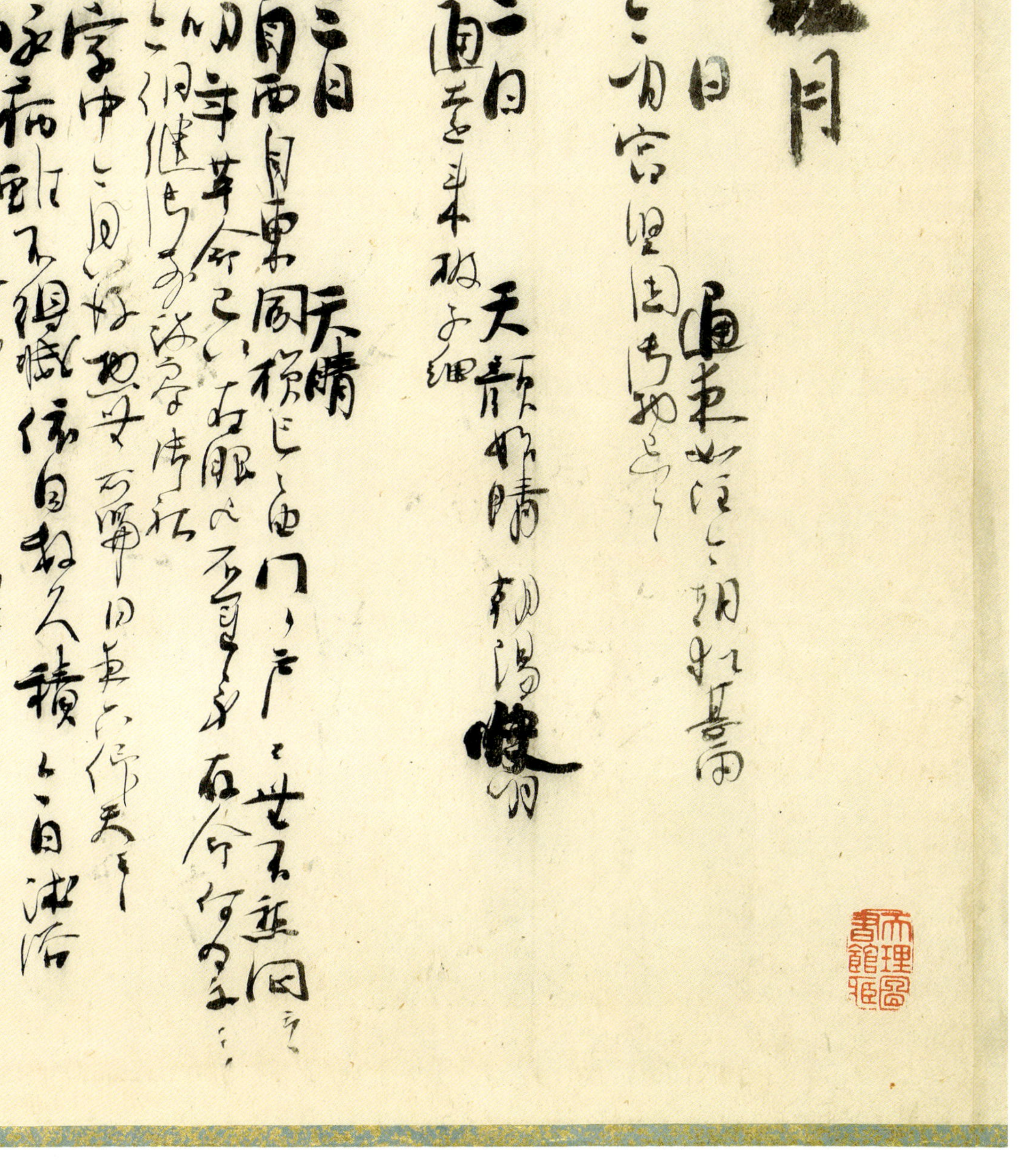

（1）

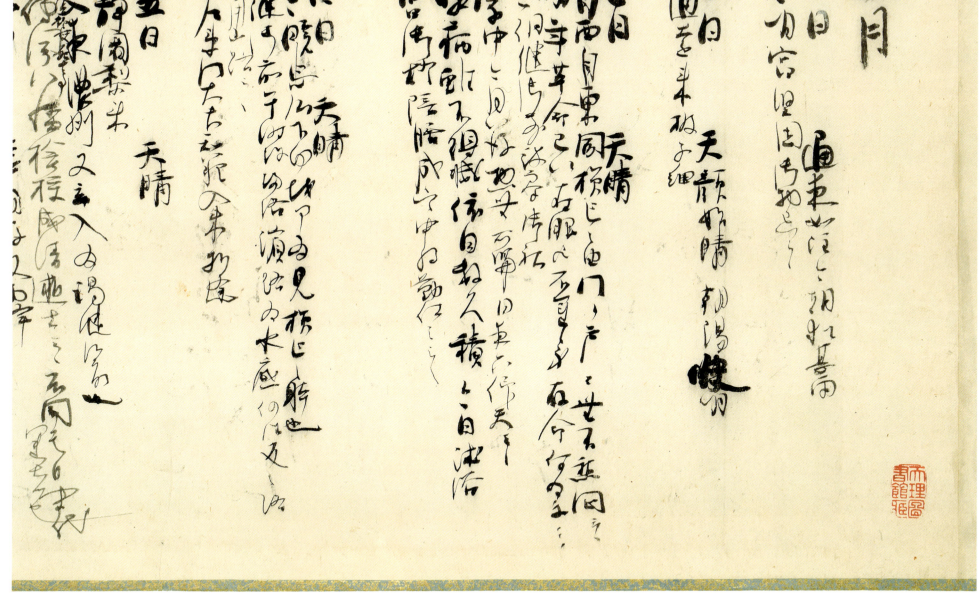

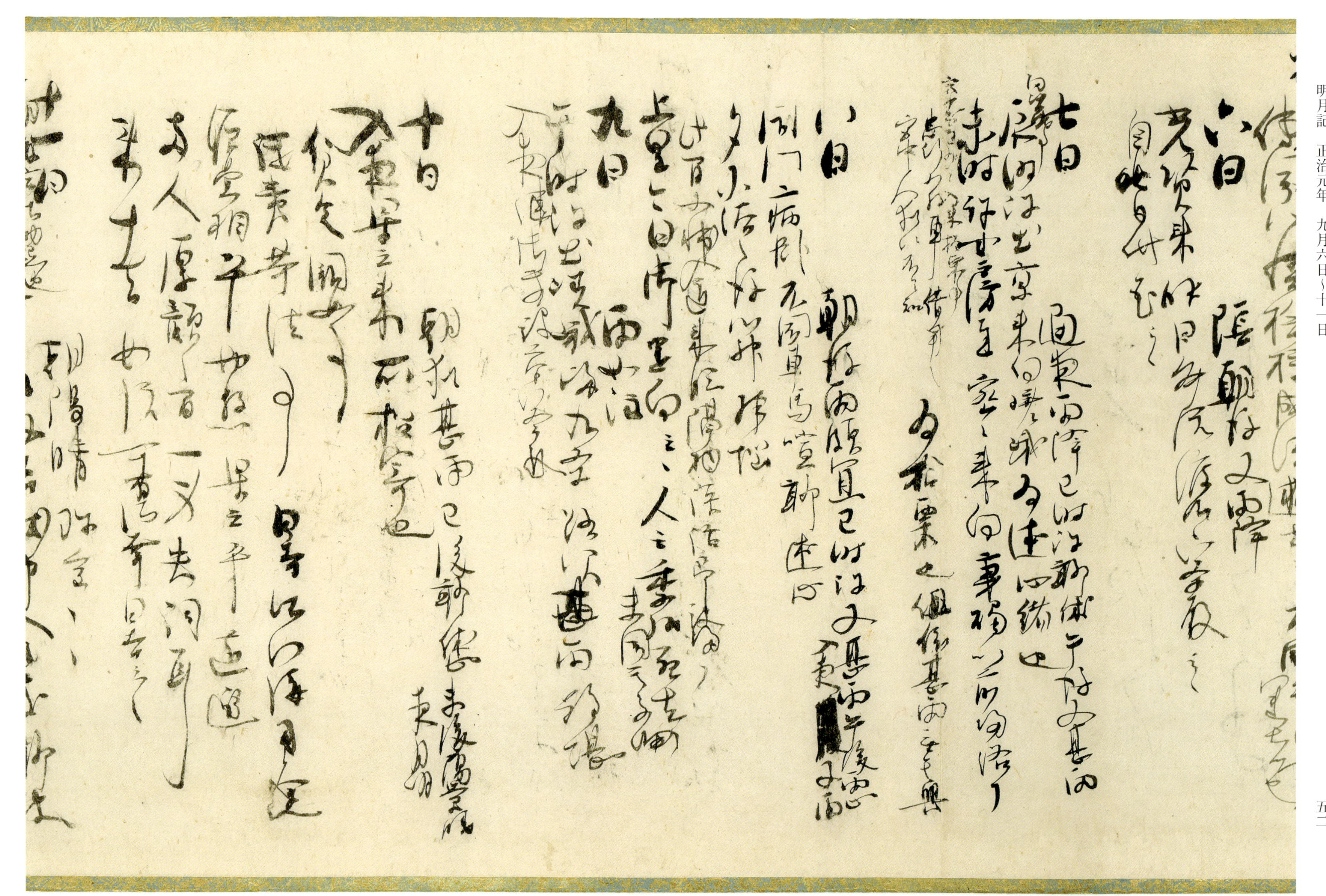

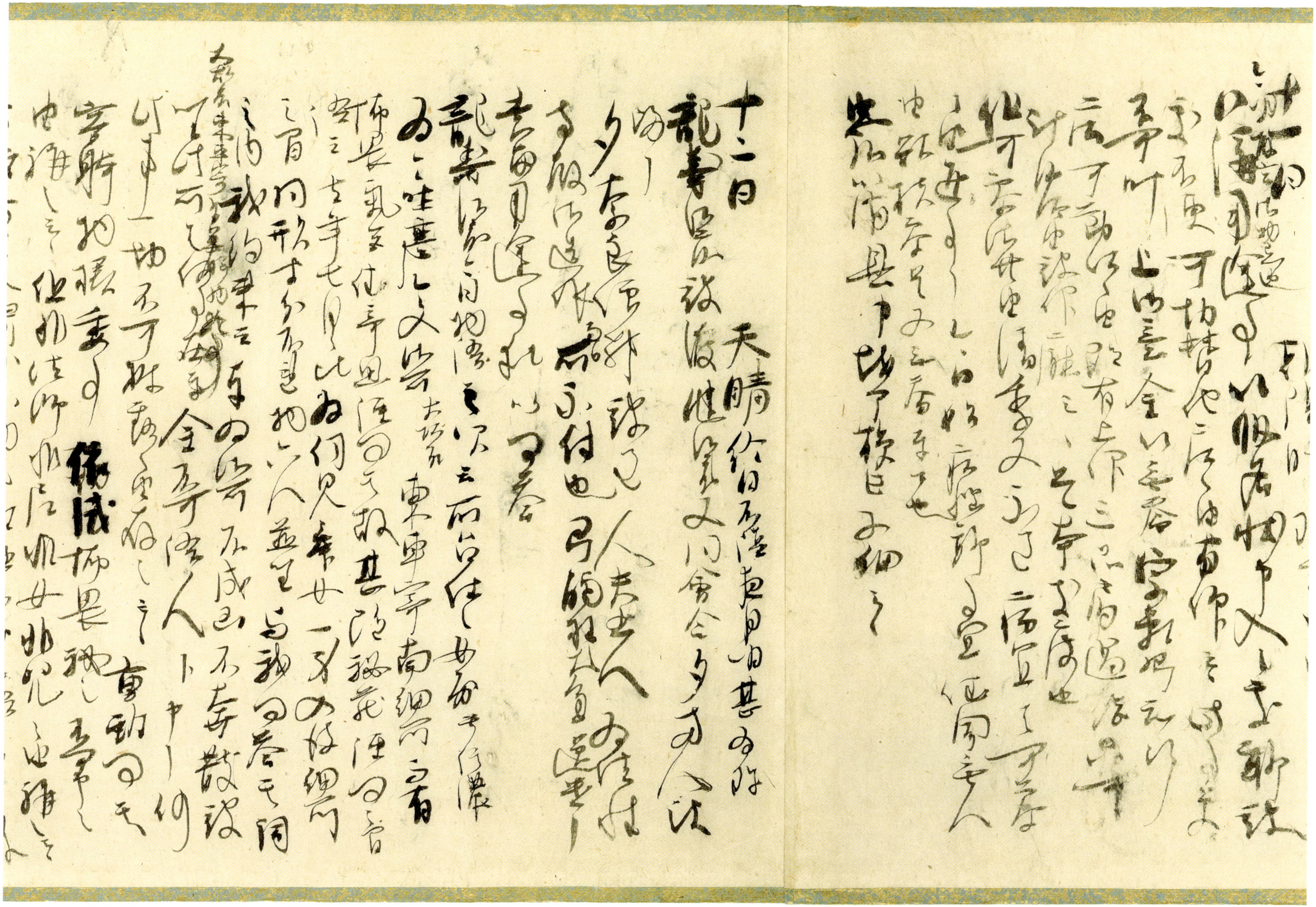

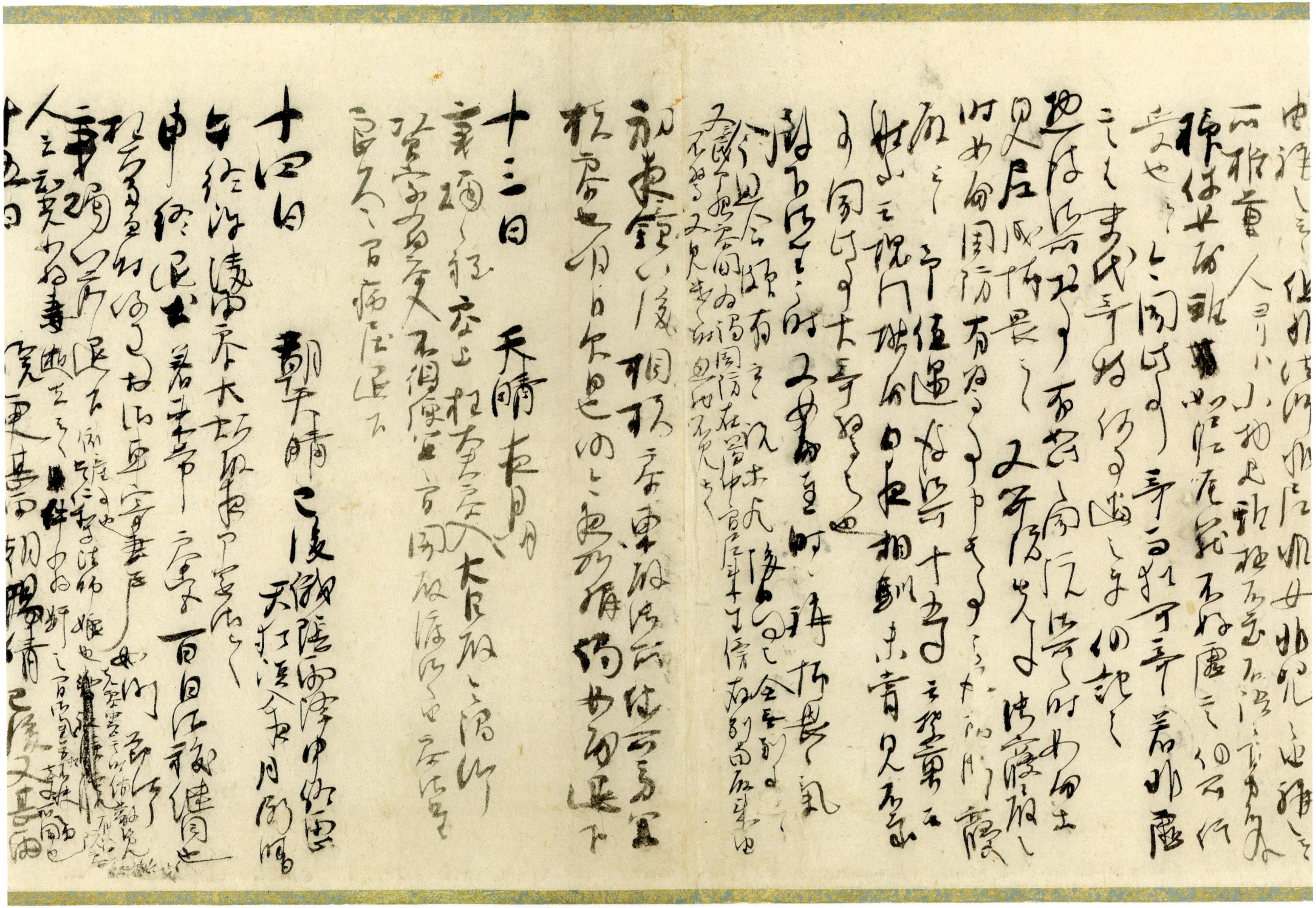

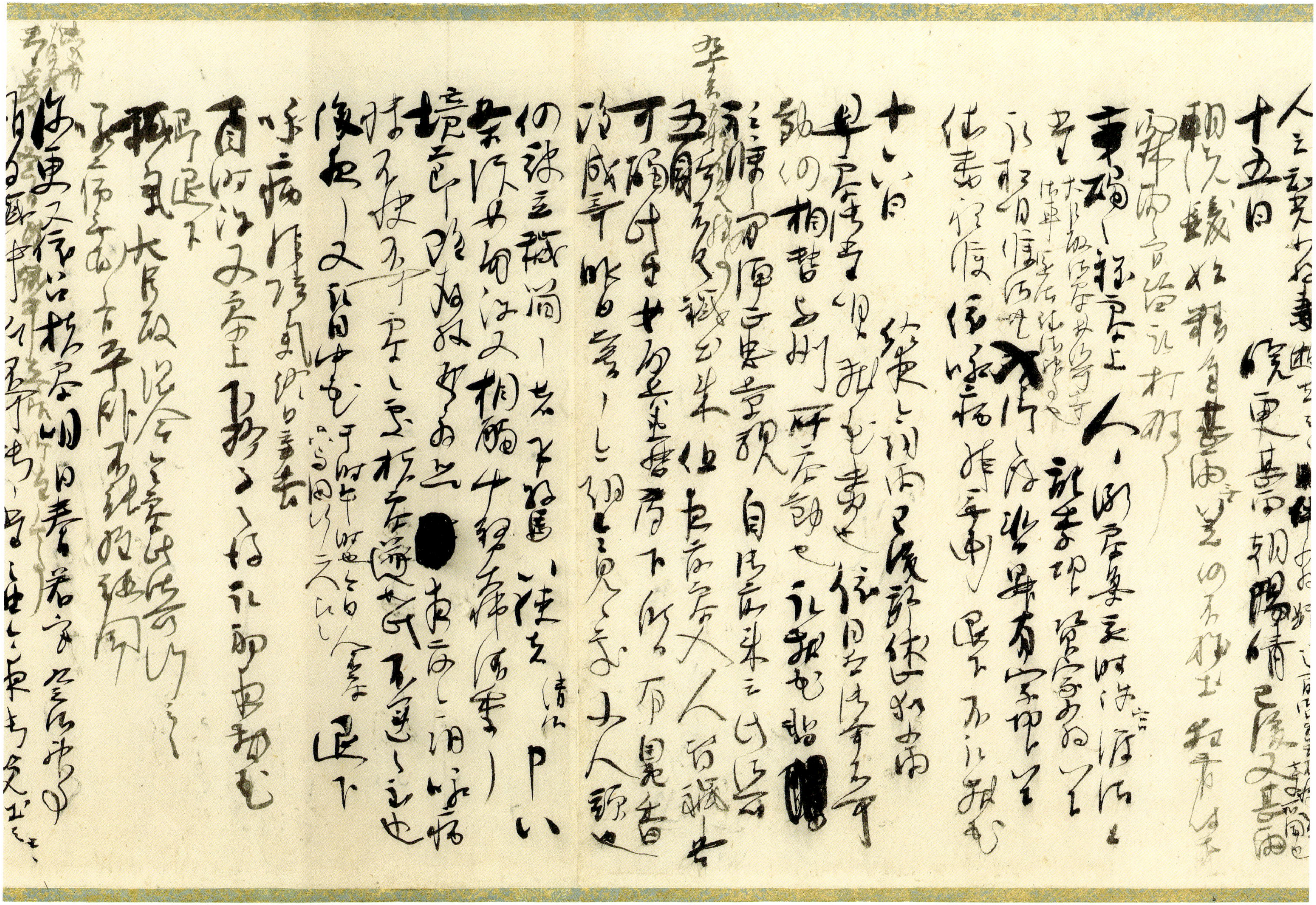

（5）

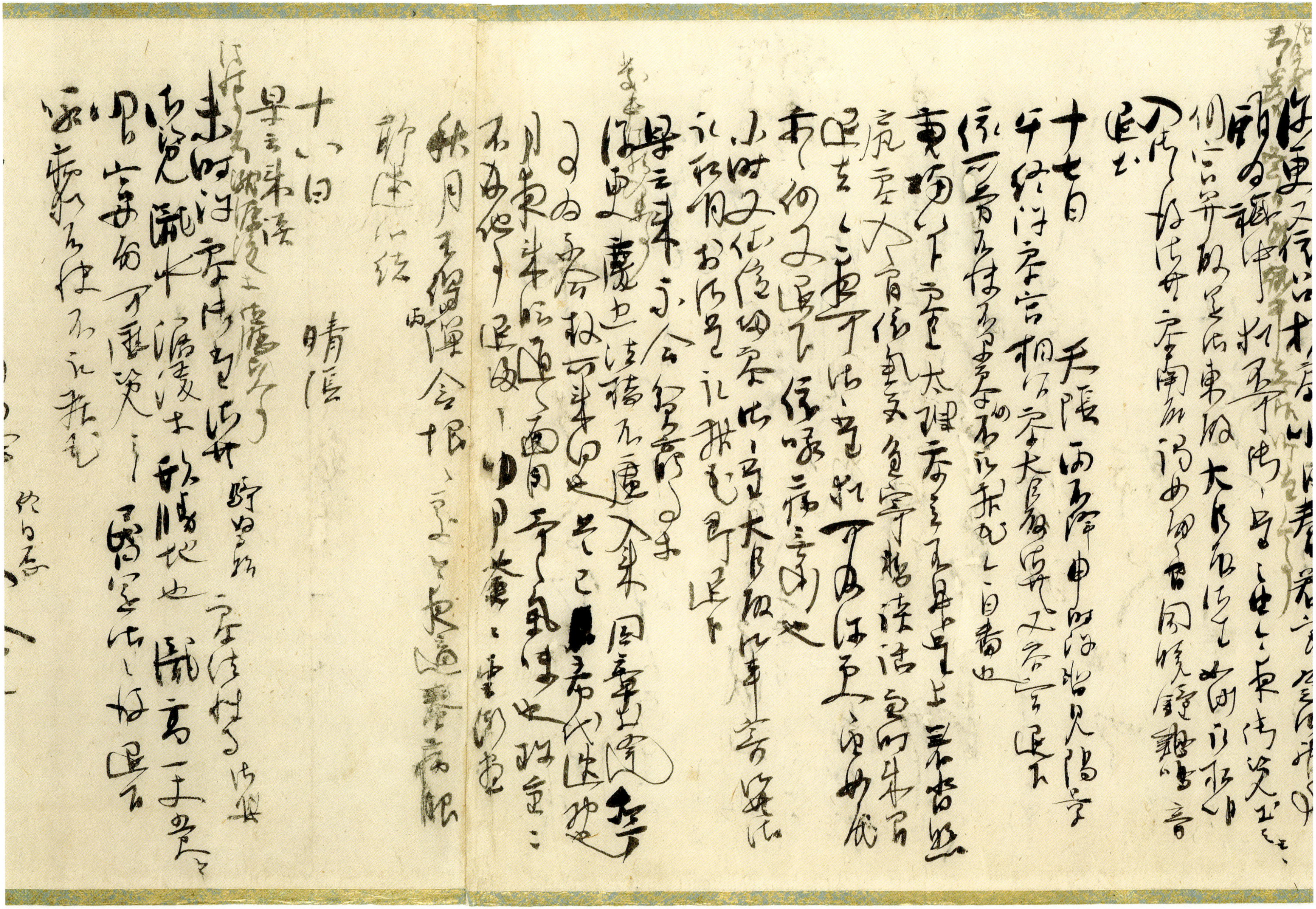

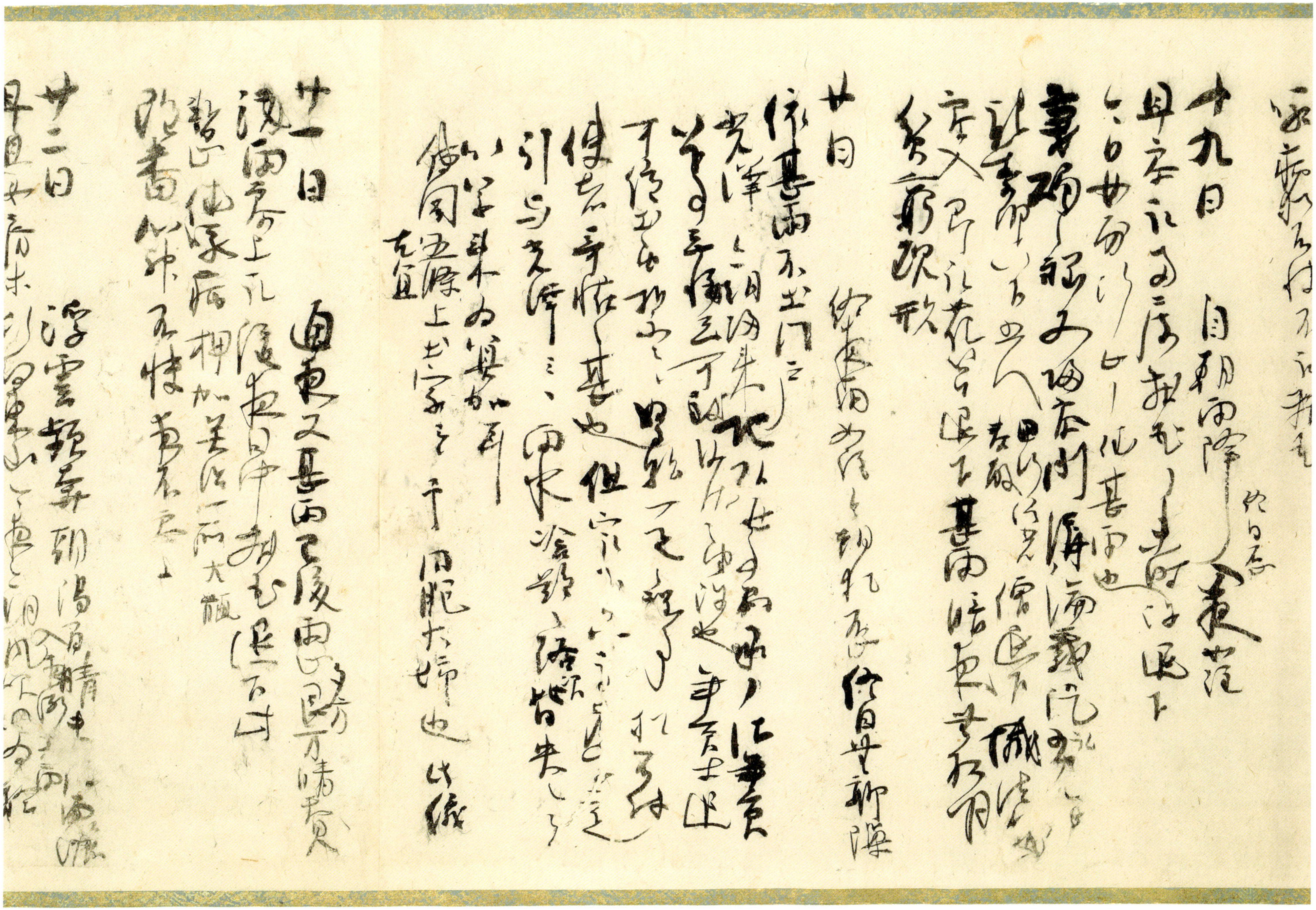

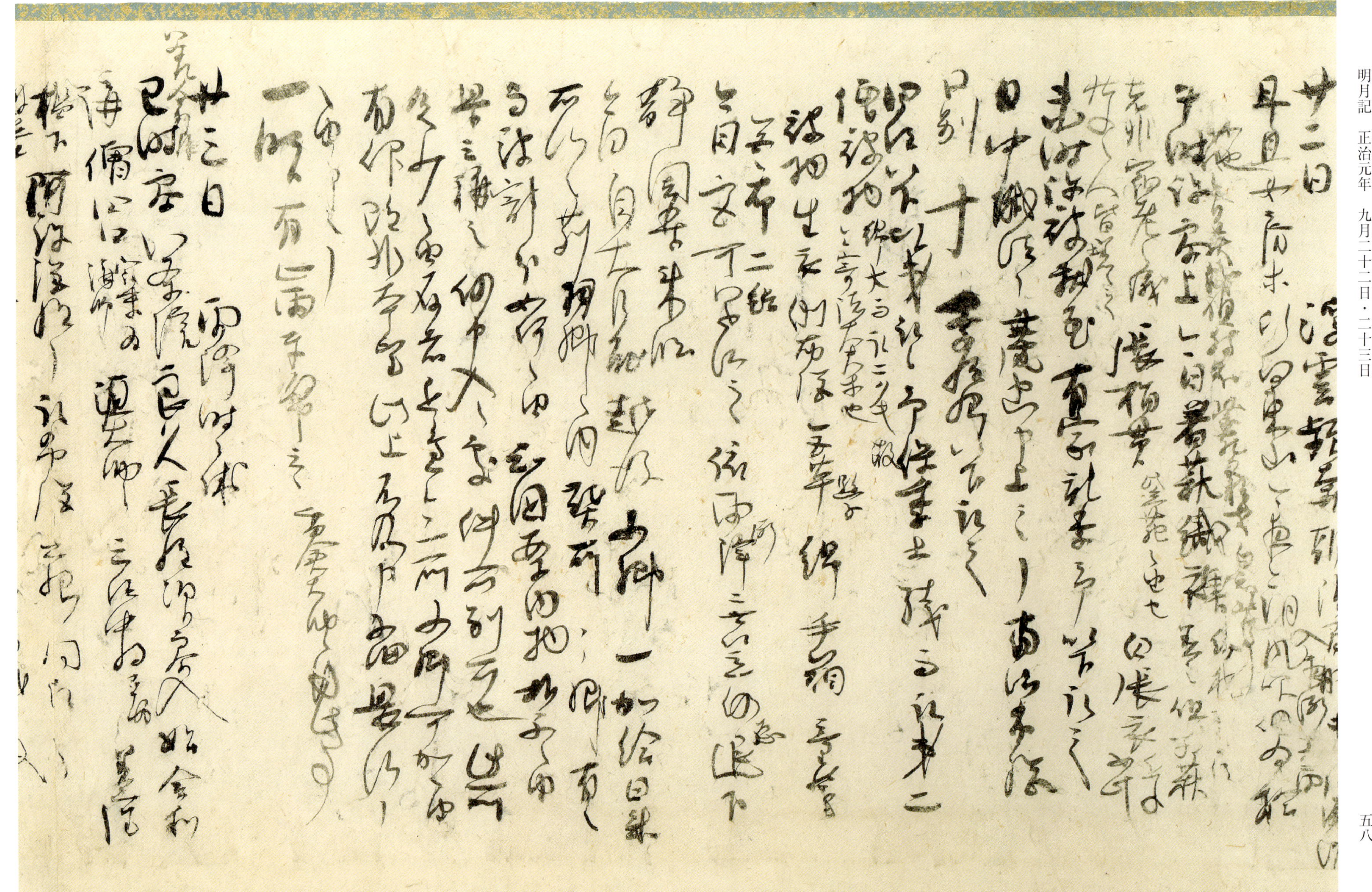

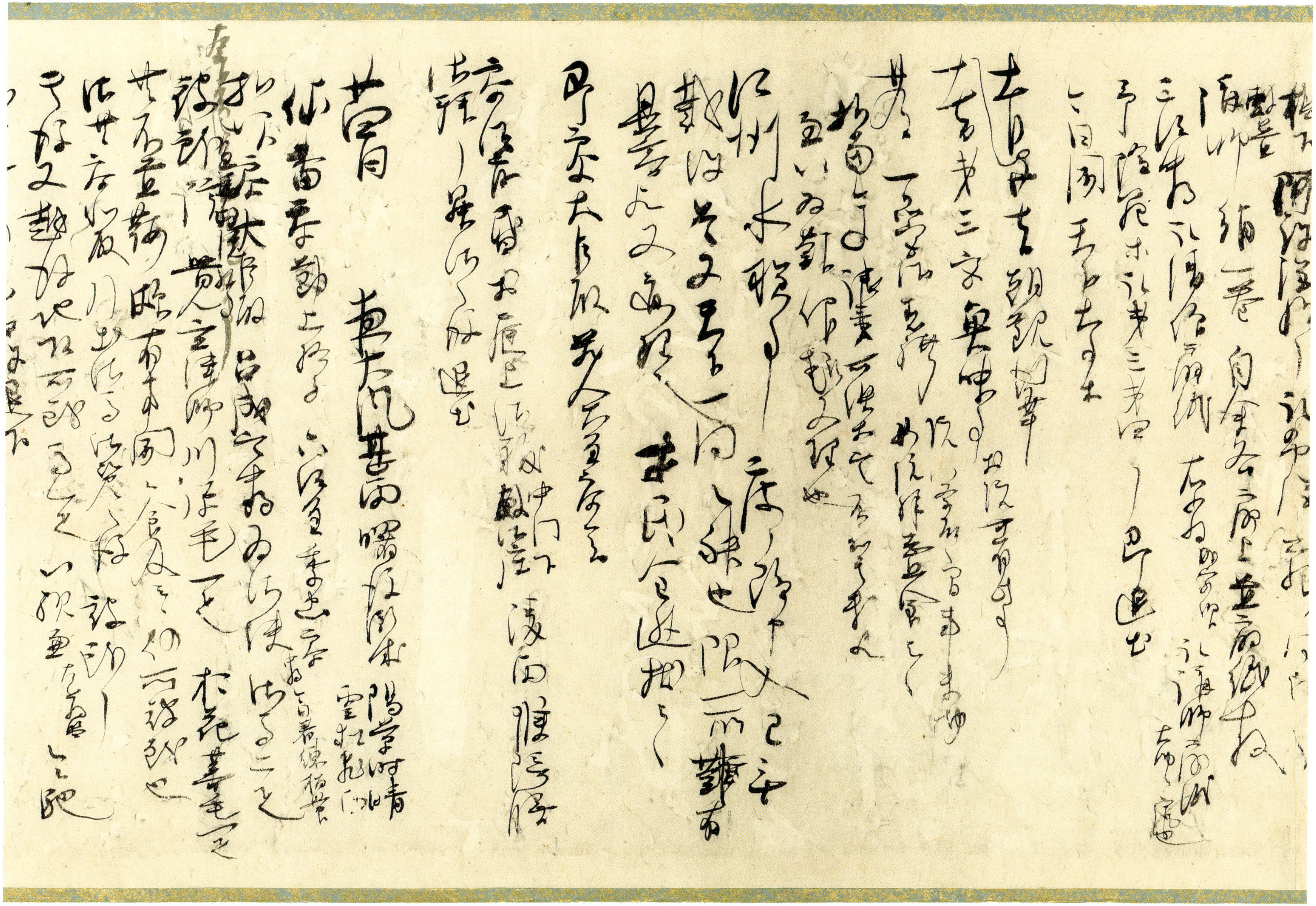

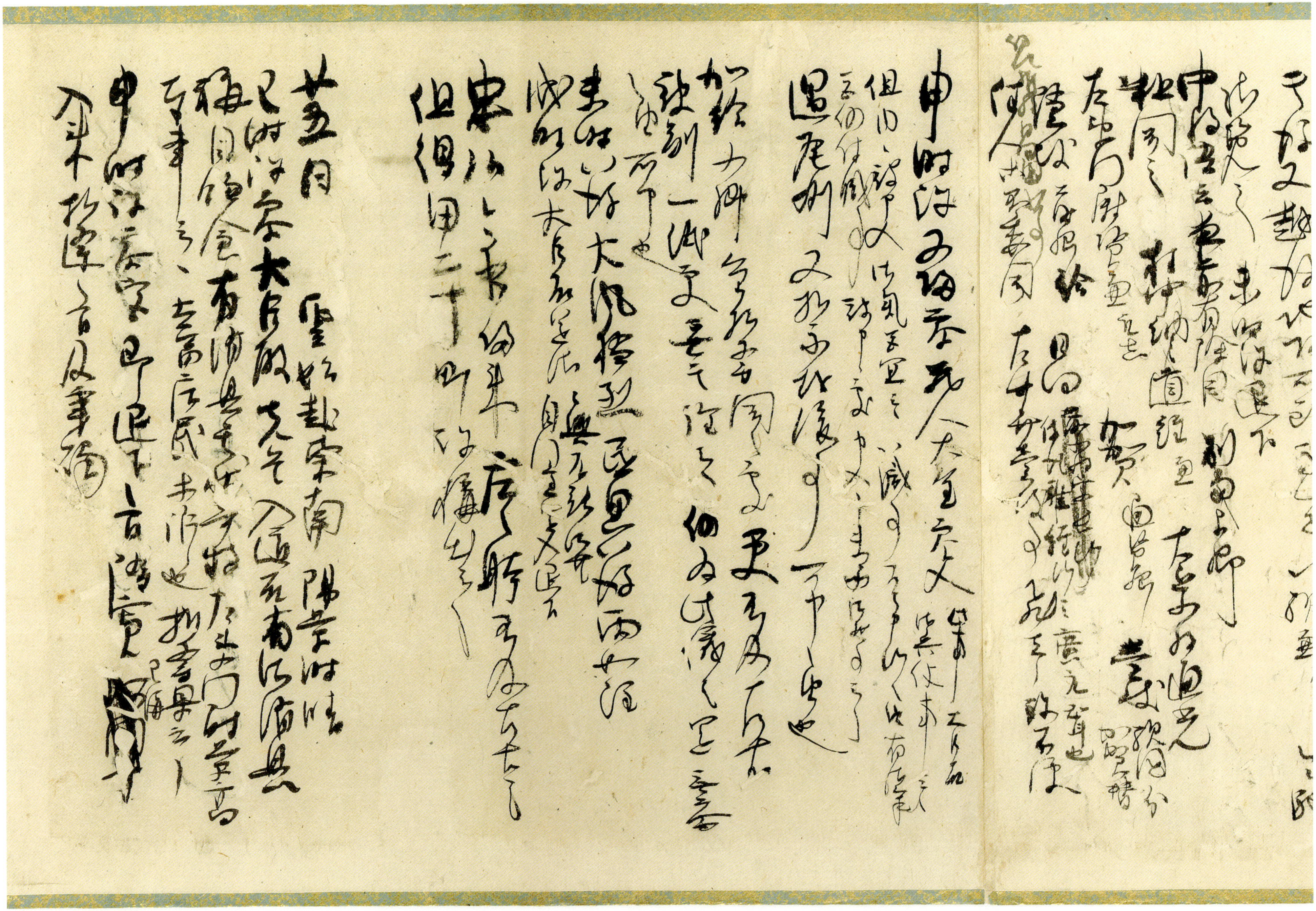

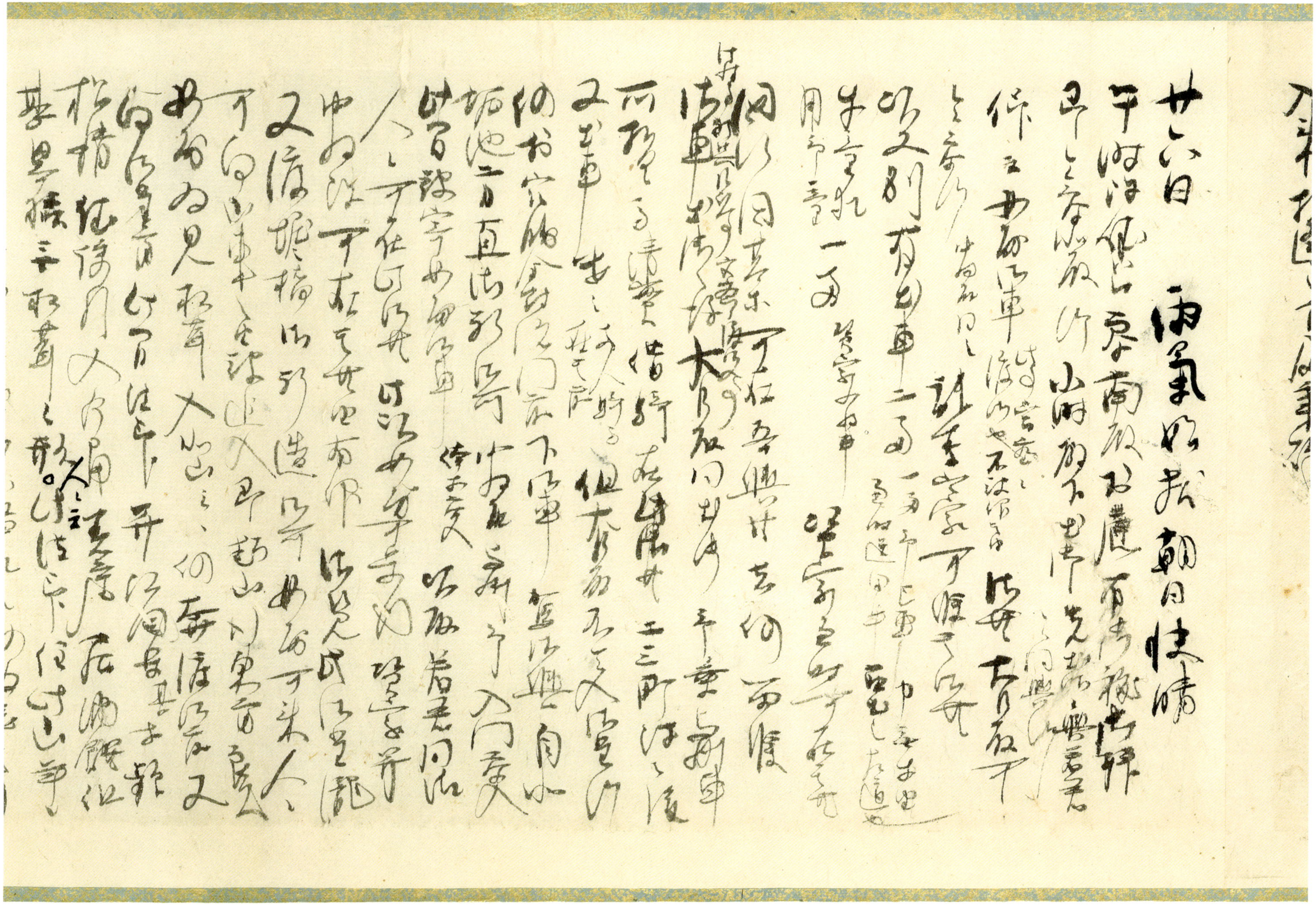

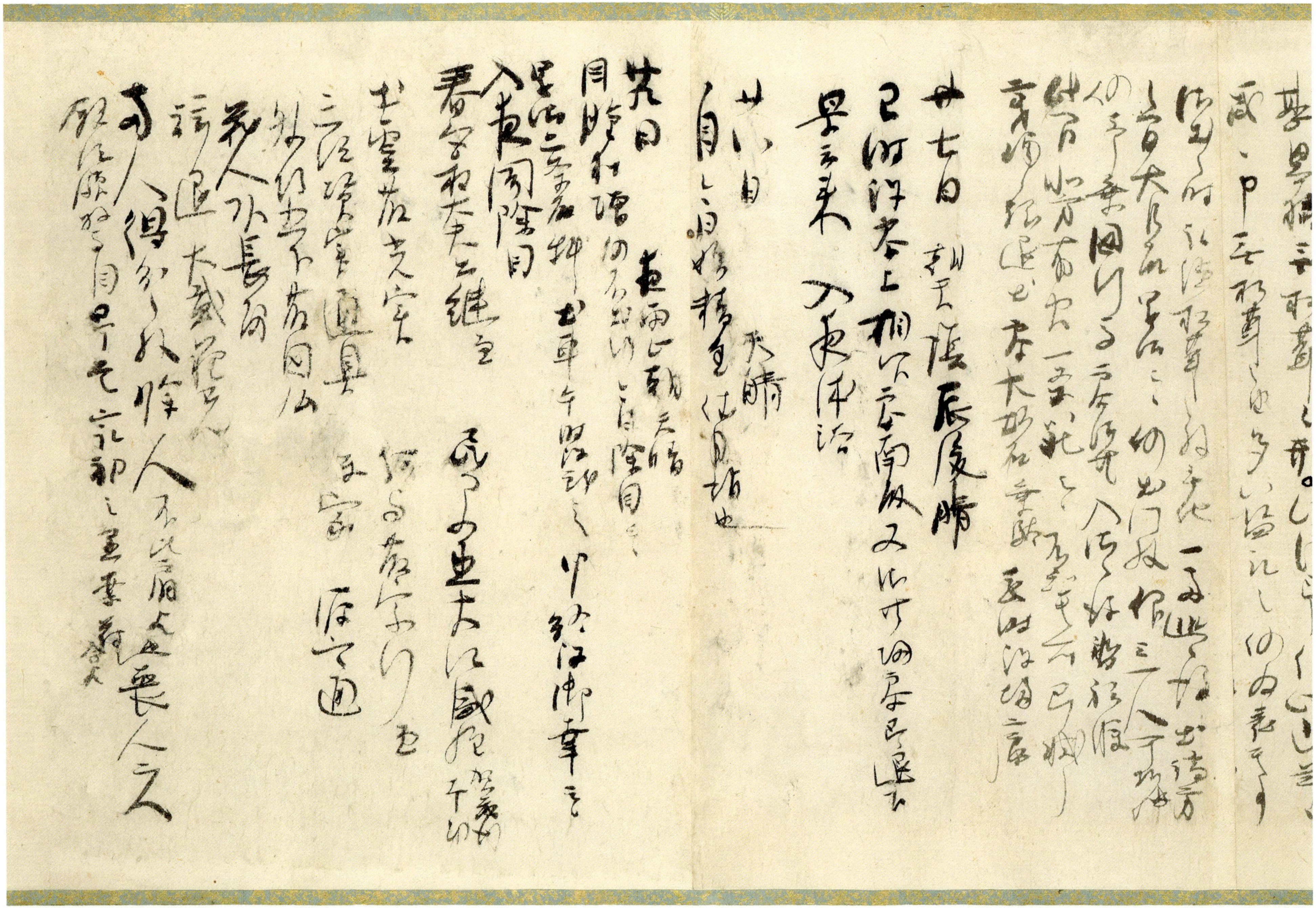

(12)　(11)

明月記　正治元年九月他記　巻尾

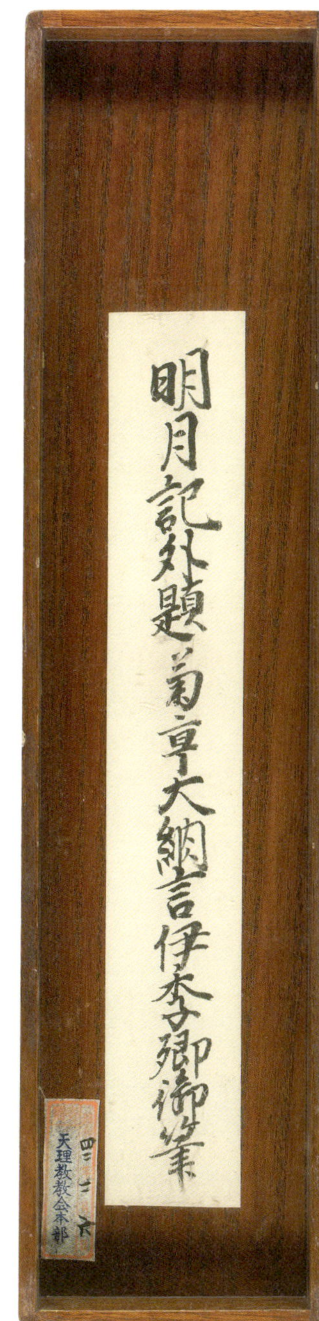

外題銘書付

建仁二年正月他記

明月記　建仁二年正月他記　表紙

明月記　建仁二年正月他記　見返し

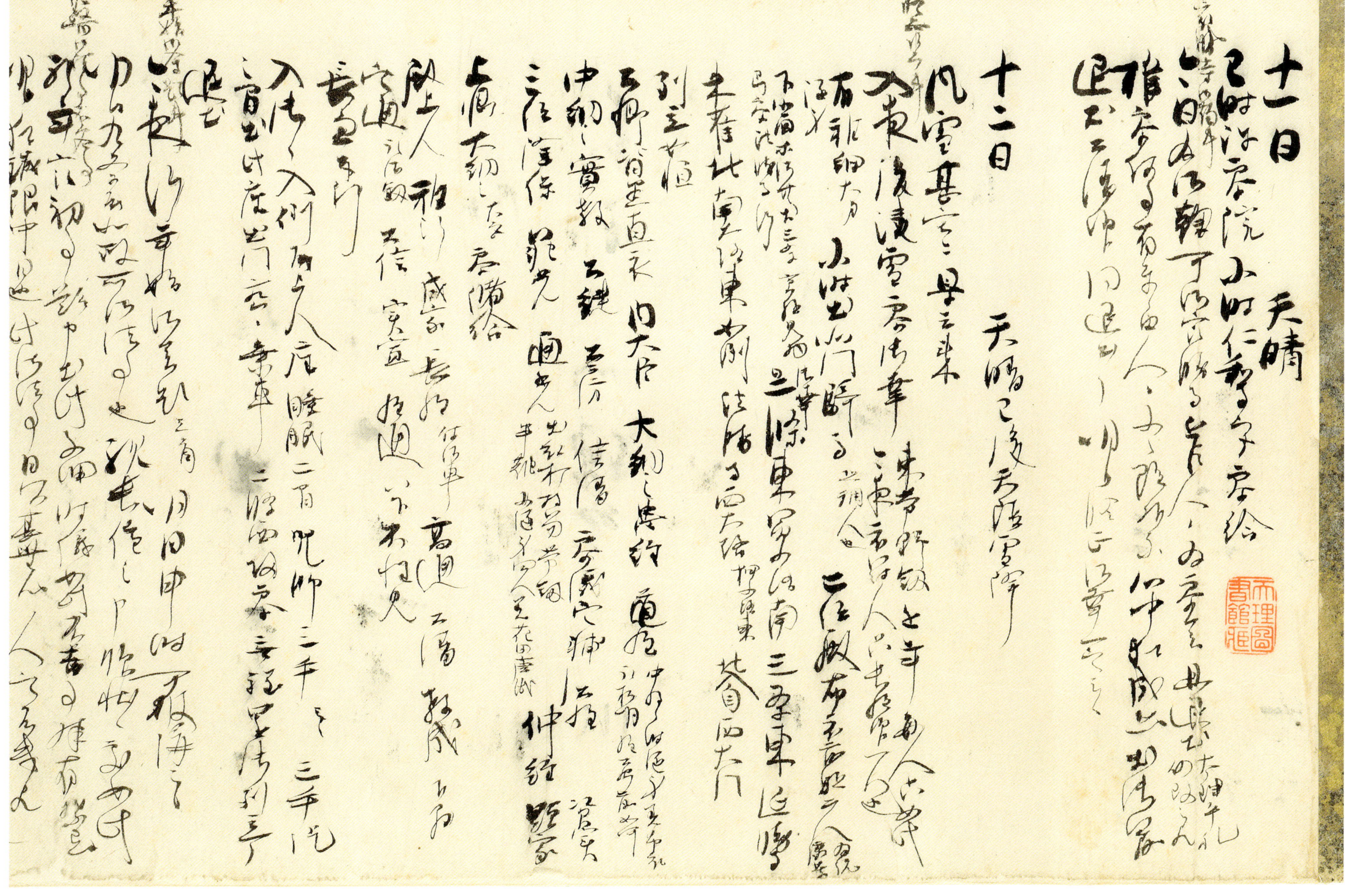

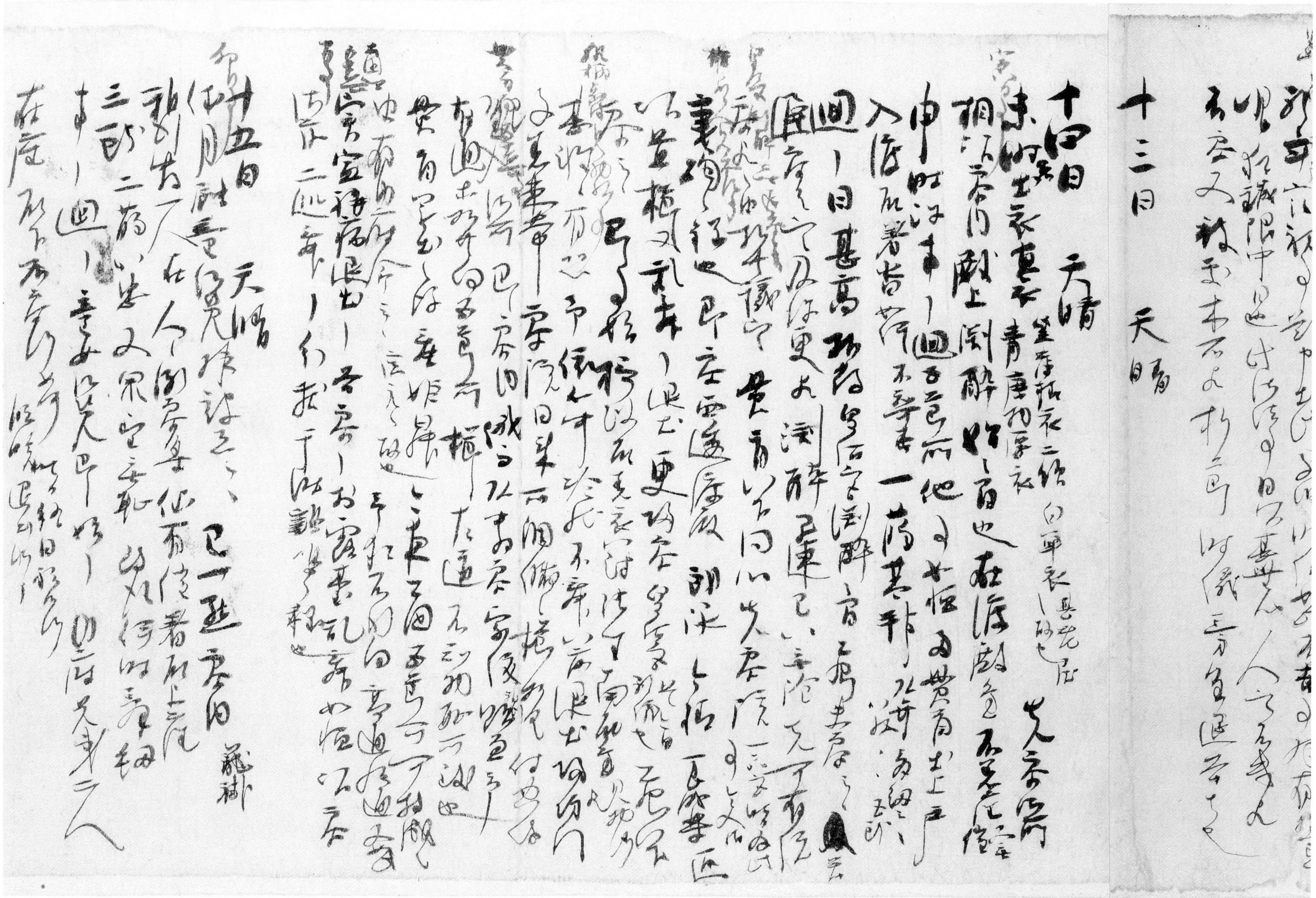

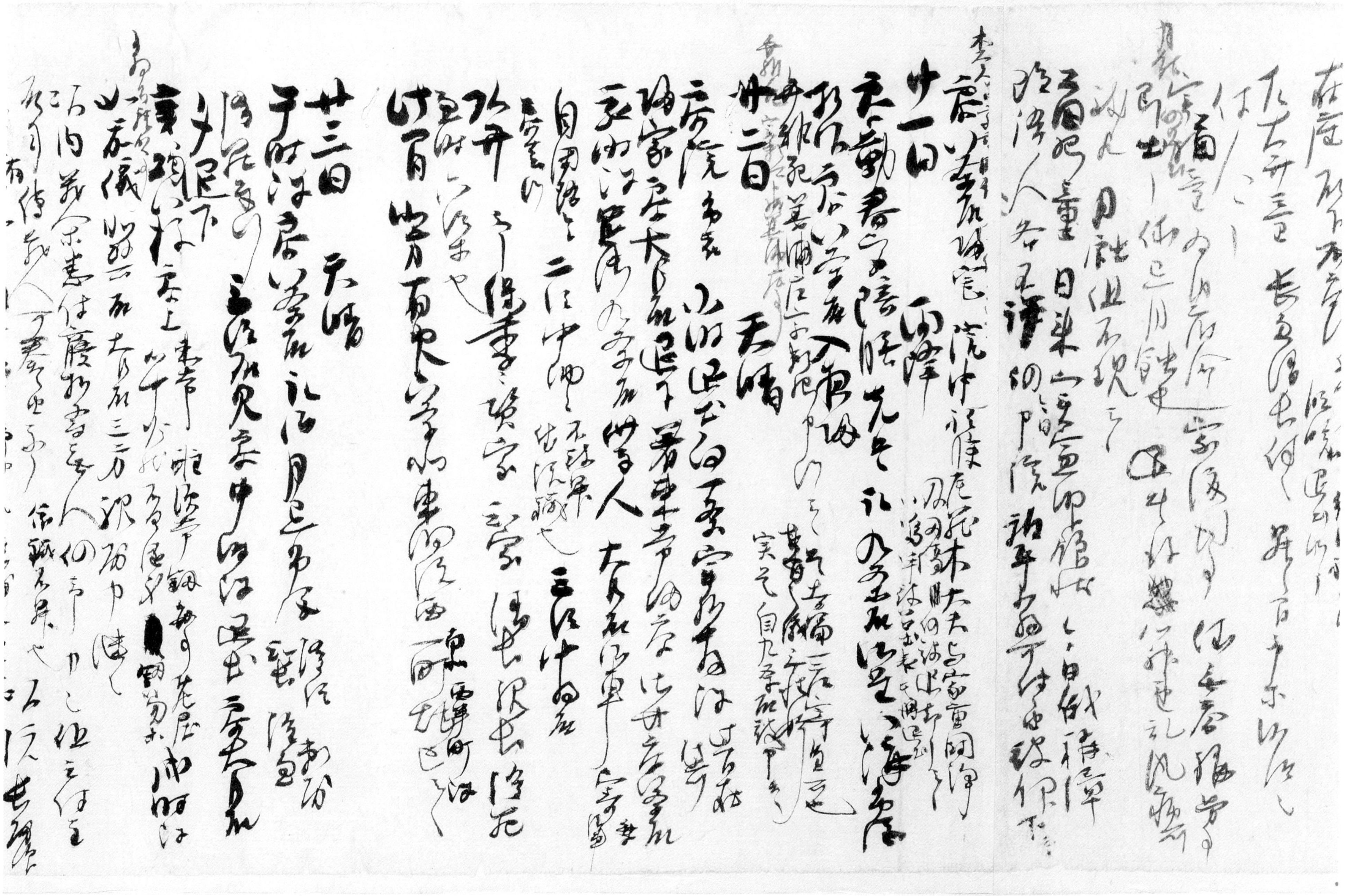

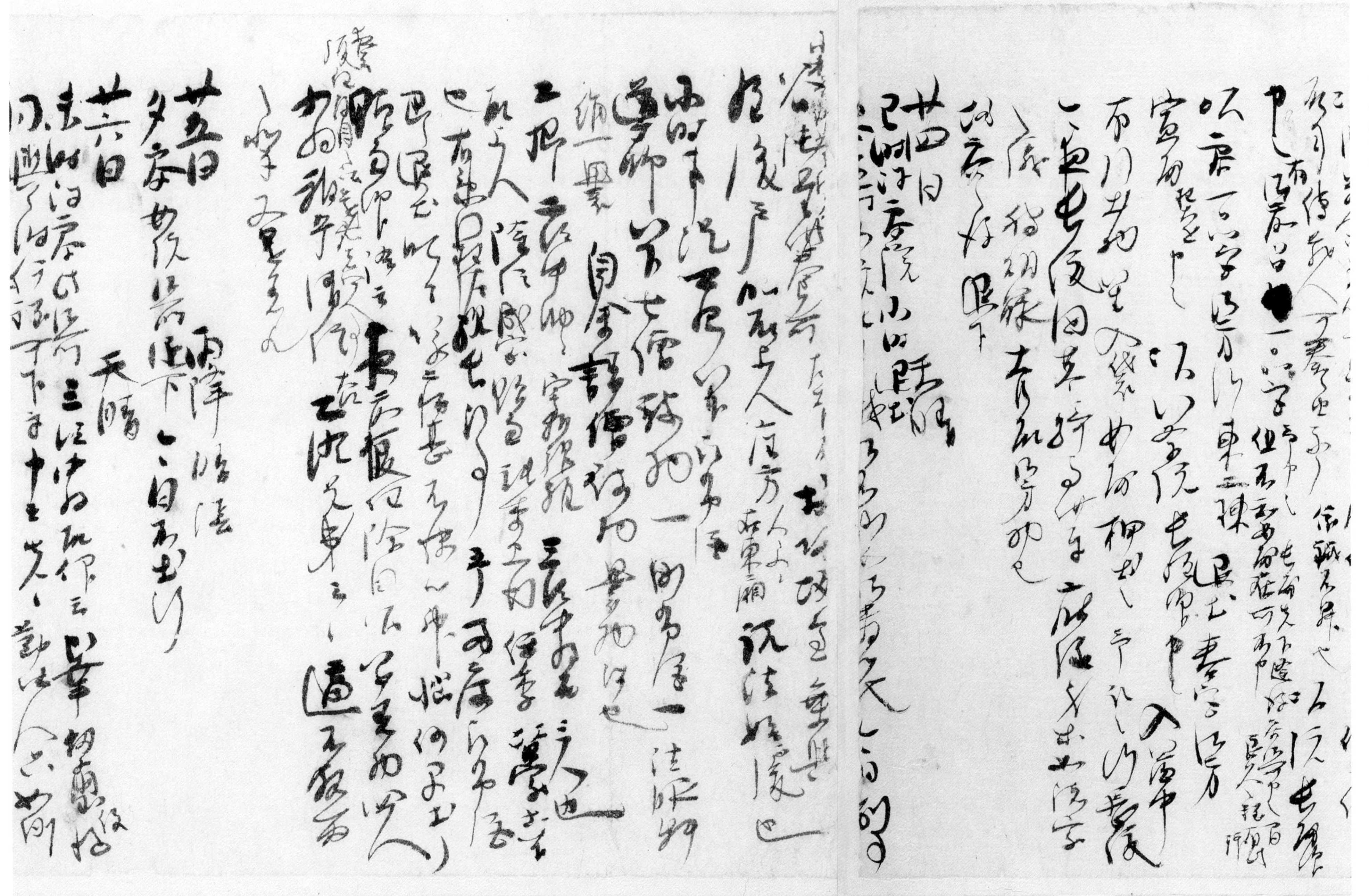

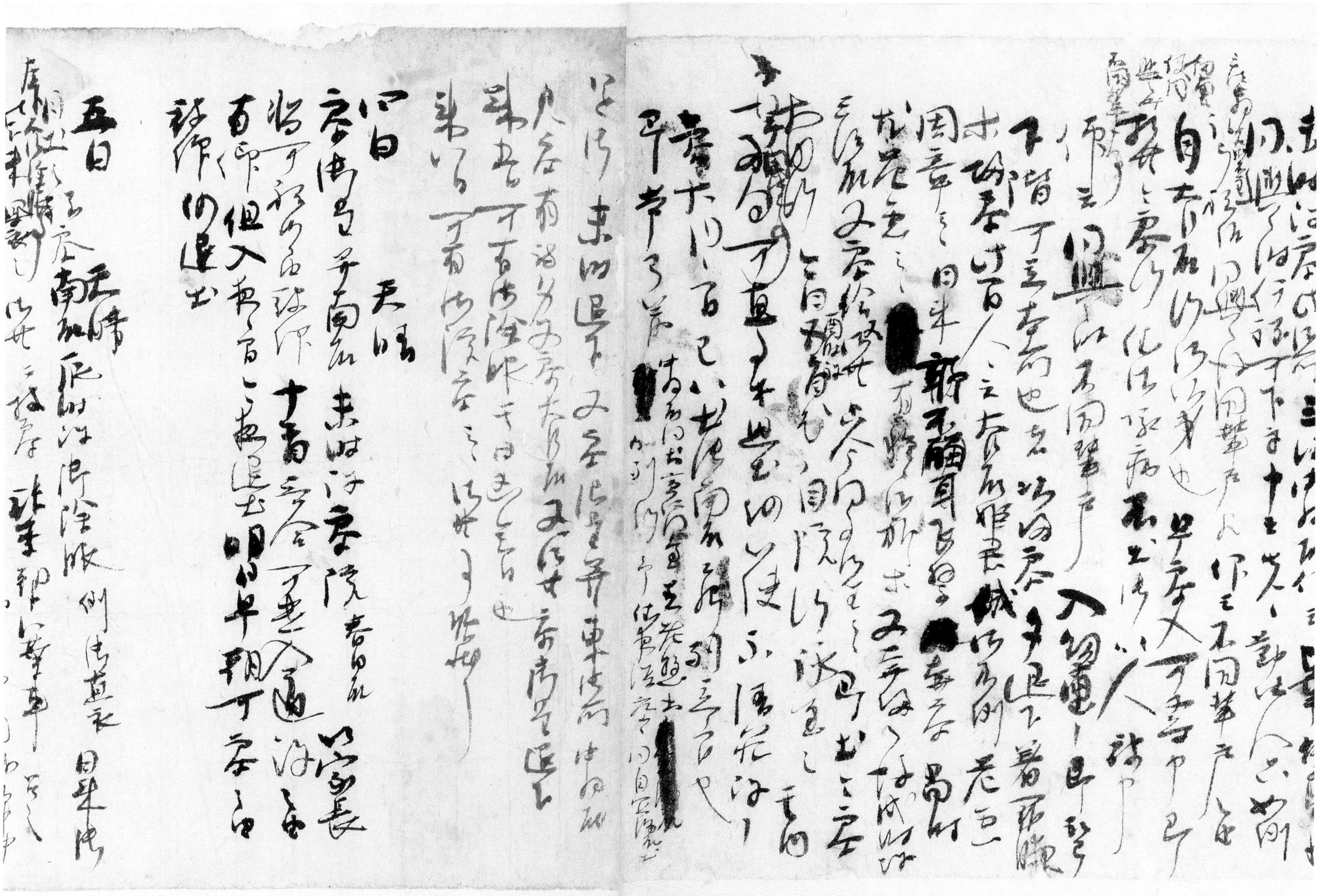

（5）

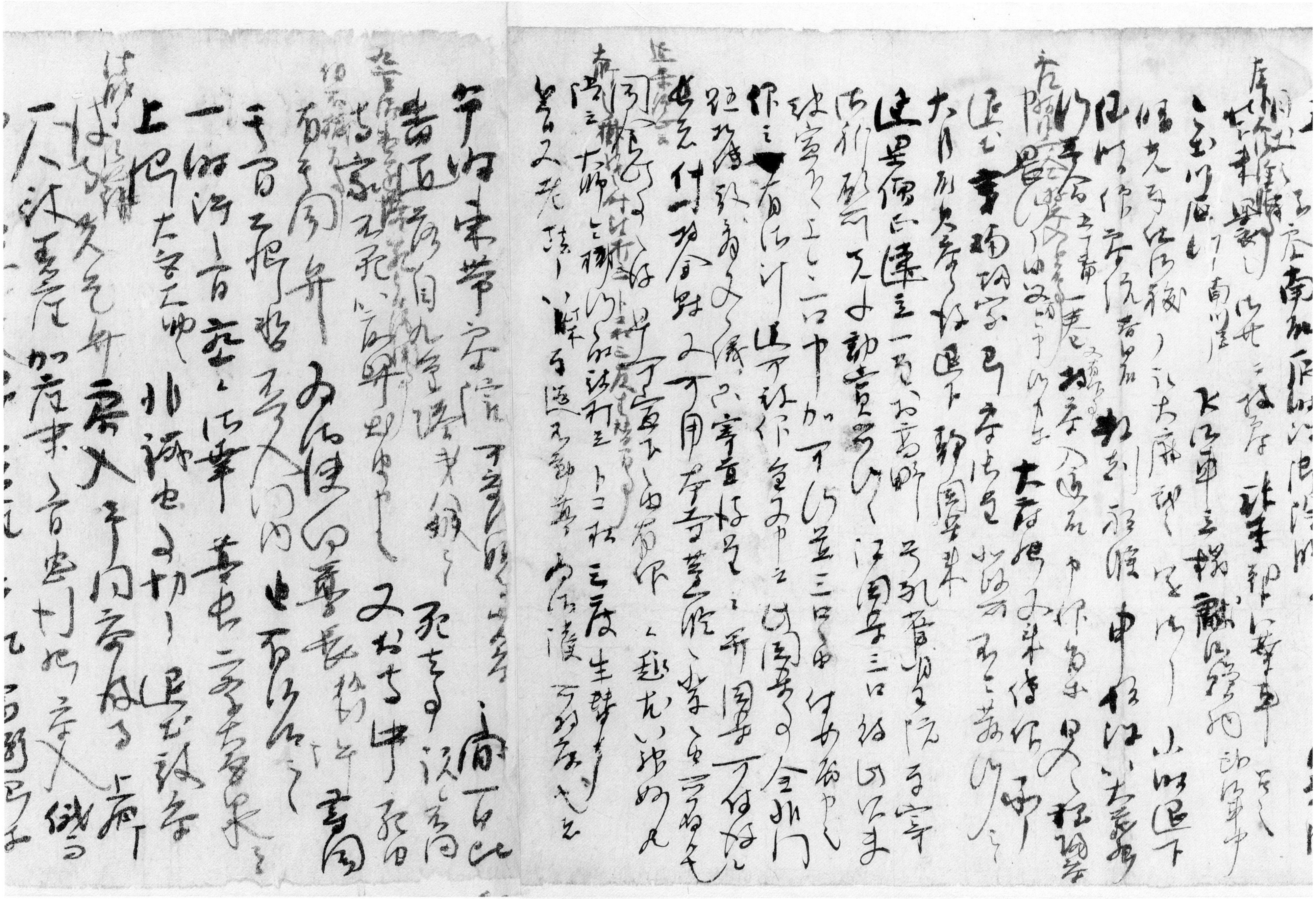

（6）

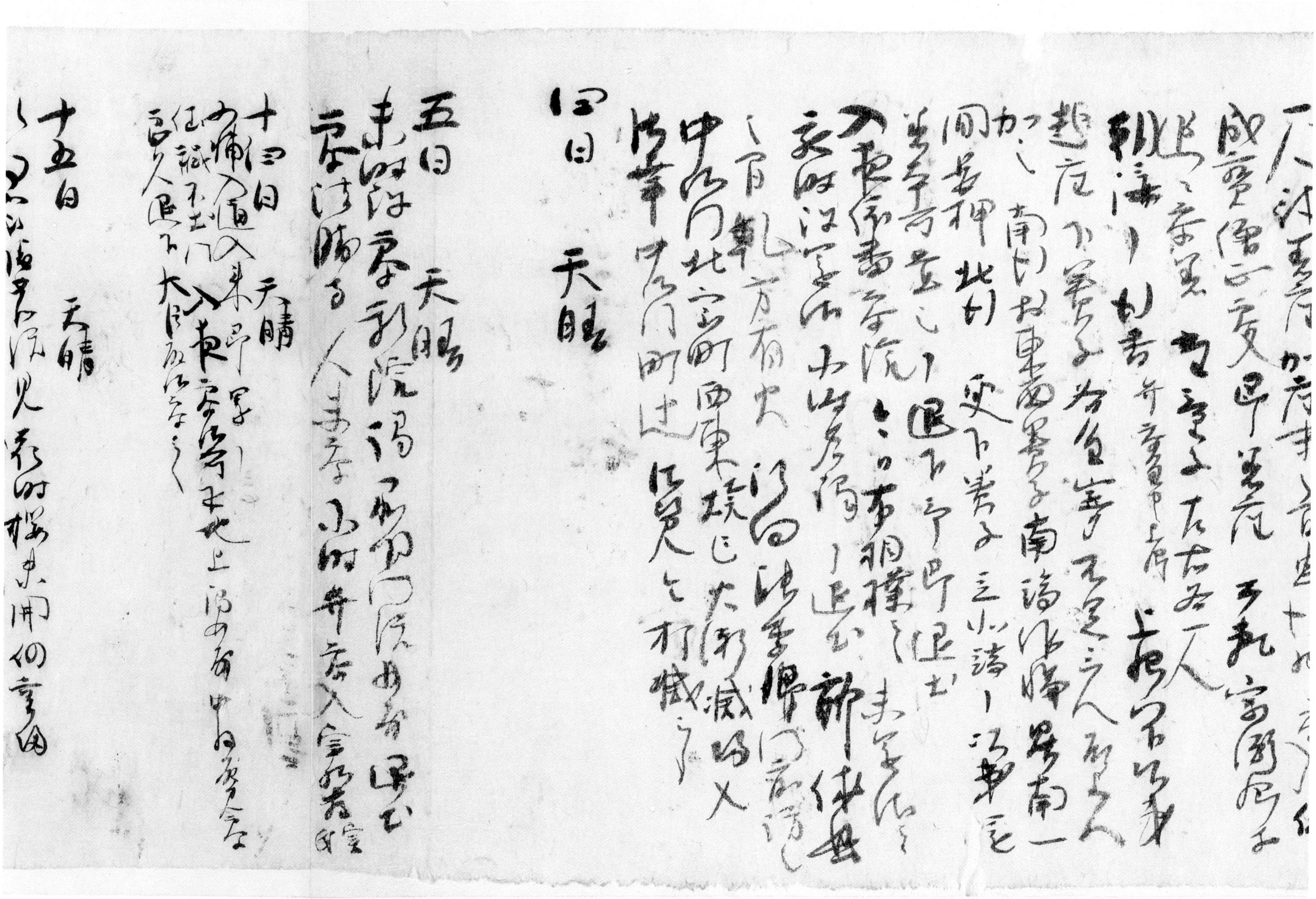

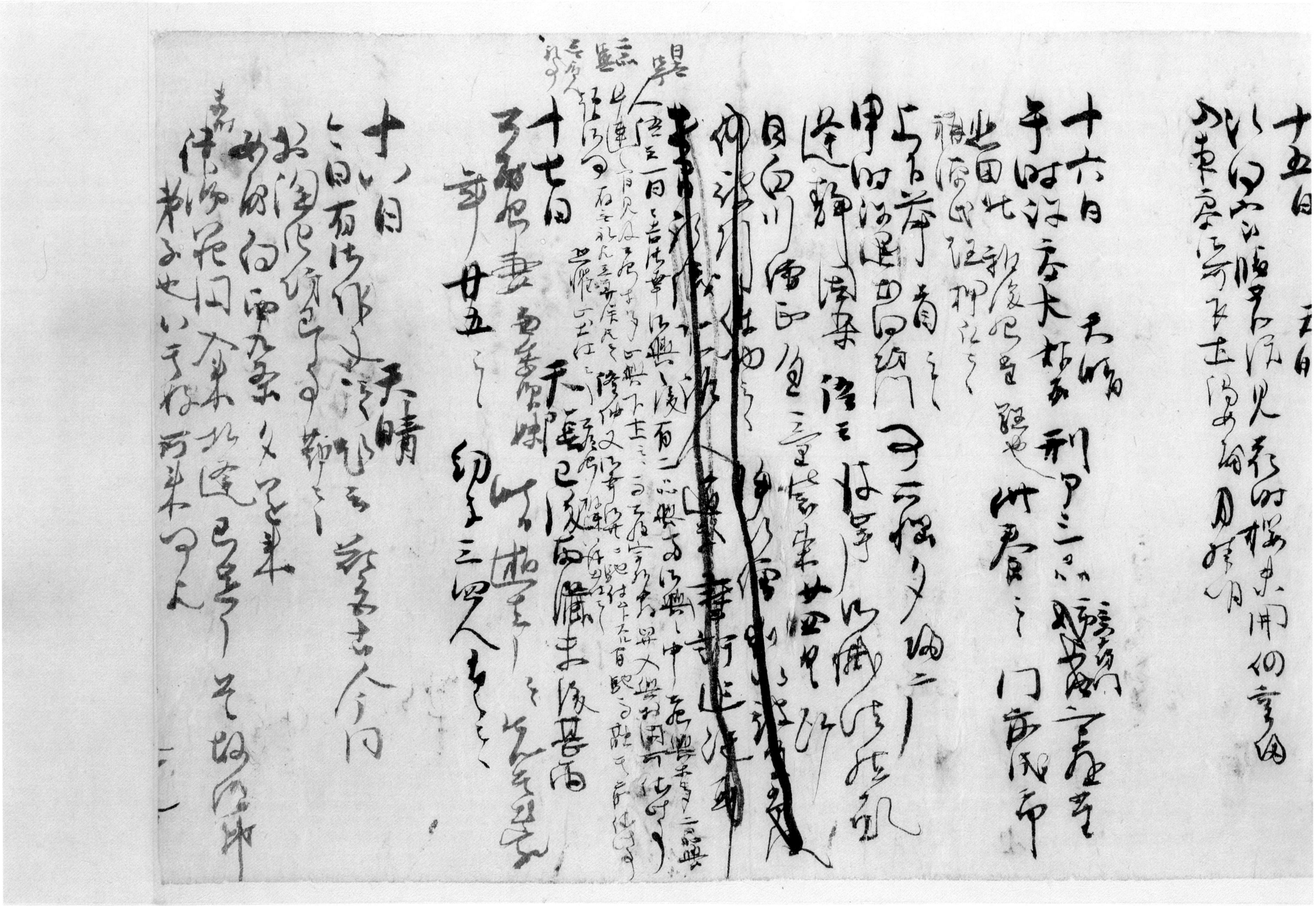

嘉禄三年七月他記

明月記　嘉禄三年七月他記　表紙

嘉禄三年

七月

一日戊寅　朝天晴

暑熱又難堪、夜景氣無涼氣

二日　朝天陰、辰後晴

宗清法印書状云、自山階寺有所司宗清下

搆官未許申送状云、別當法印有訴申々

訪事不被遂流々由衆徒訴申、沙汰未同

仍宗清者不有後悔々由歸送云々、正權別當

近年喧嘩々々上數々云々、增篤也

今夜又暑熱及子時乘車出一条大路待

曉鐘滑入、見望暉照耀、不異嵌月、又無露

天晴、未時許不陰而大雨、不及淄

三日

暑熱如焦

法勝寺御八講始、通方（卿上但寛朝御仕太無云々後辭之云、自今其上臨人不可被等）

頼資・経高・光俊、當経朝臣・家之由傳聞

初月纖於緑苔山、纔五尺許

四日　天晴

近日山門小法師原於路次見及所破却人家併

猶々黒衣萬篤云々、又好毛宗立飼法師原

尊卑之家關送可止事之由云々、東一条院無

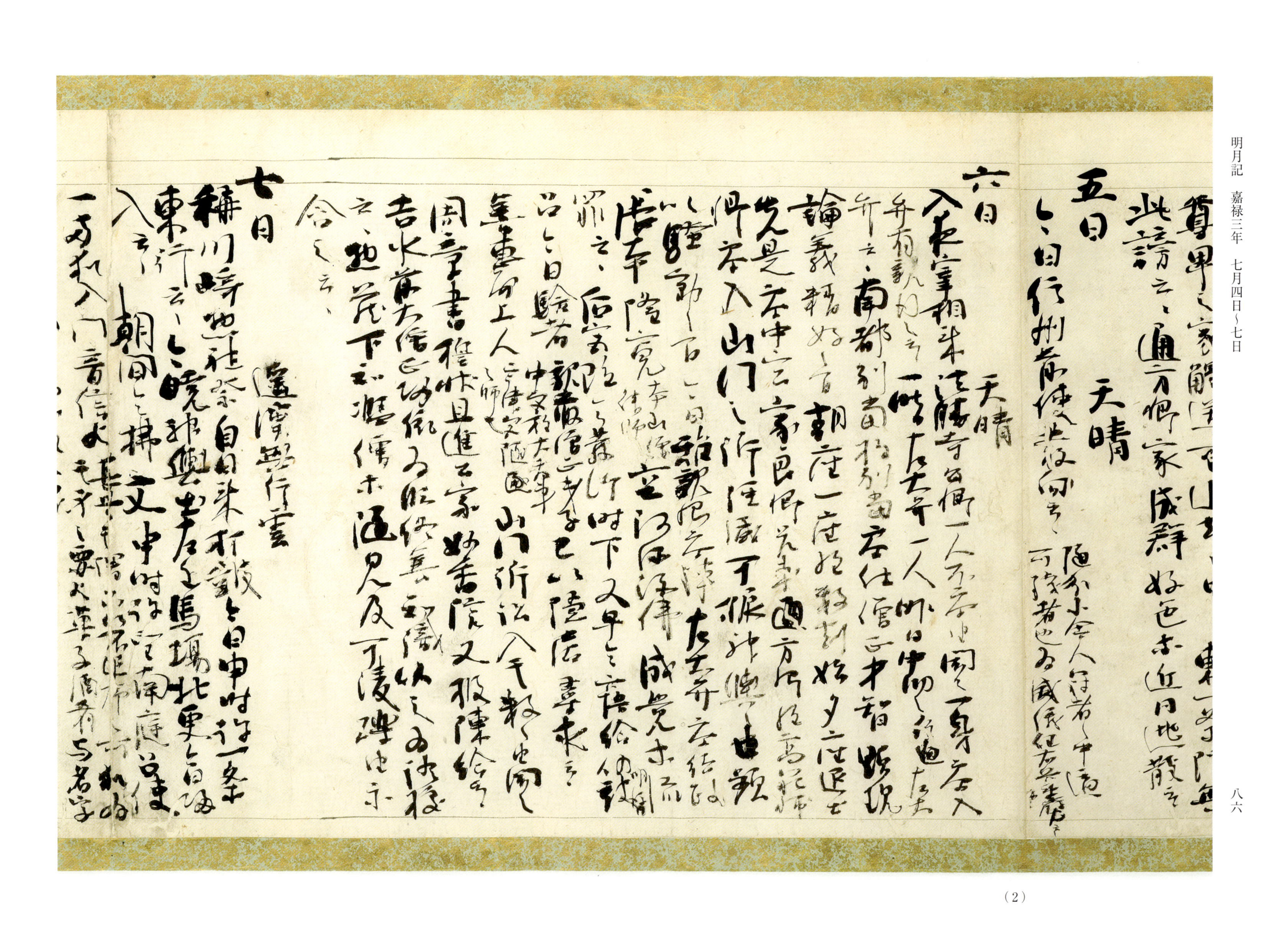

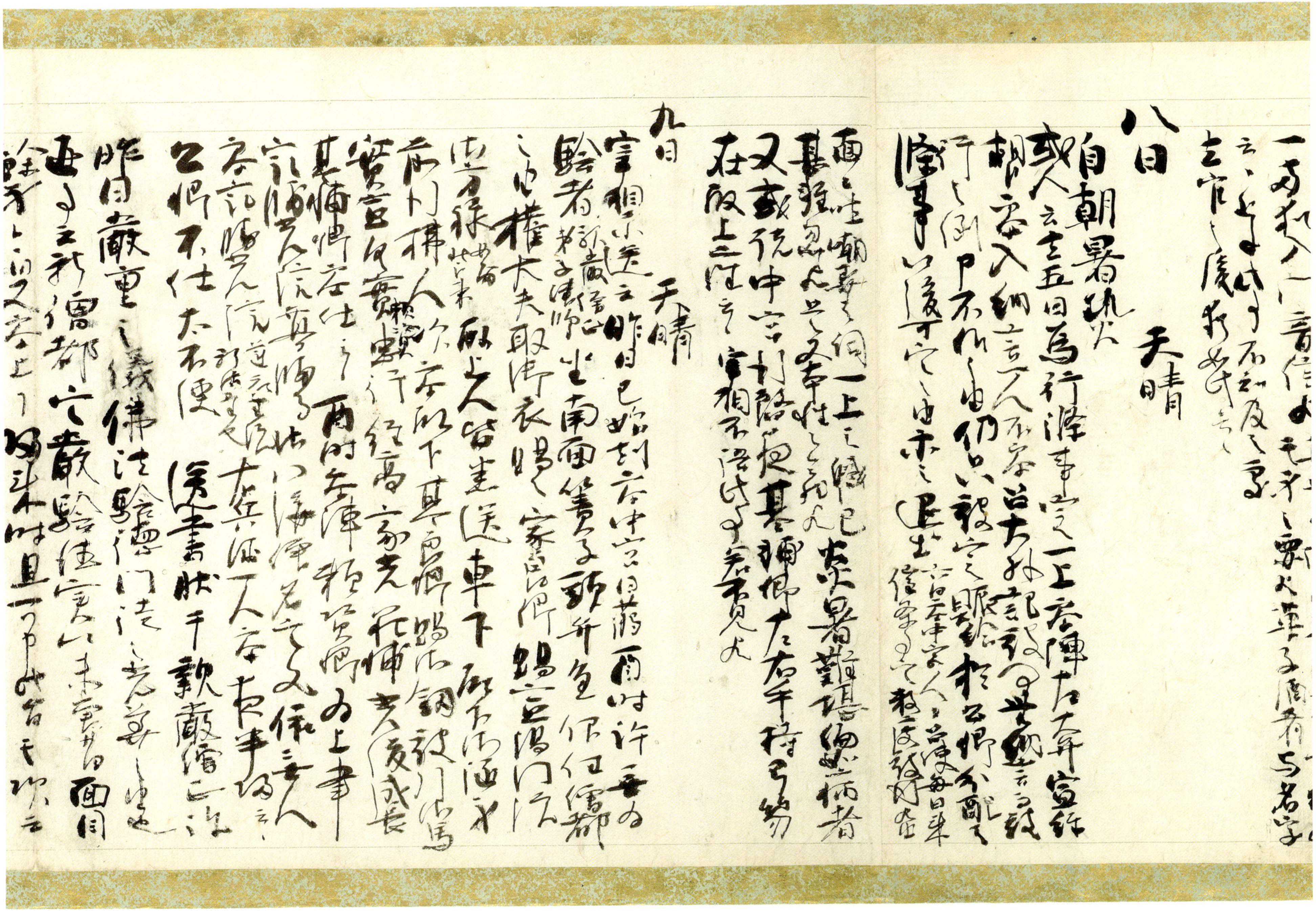

八日　天晴

九日　天晴

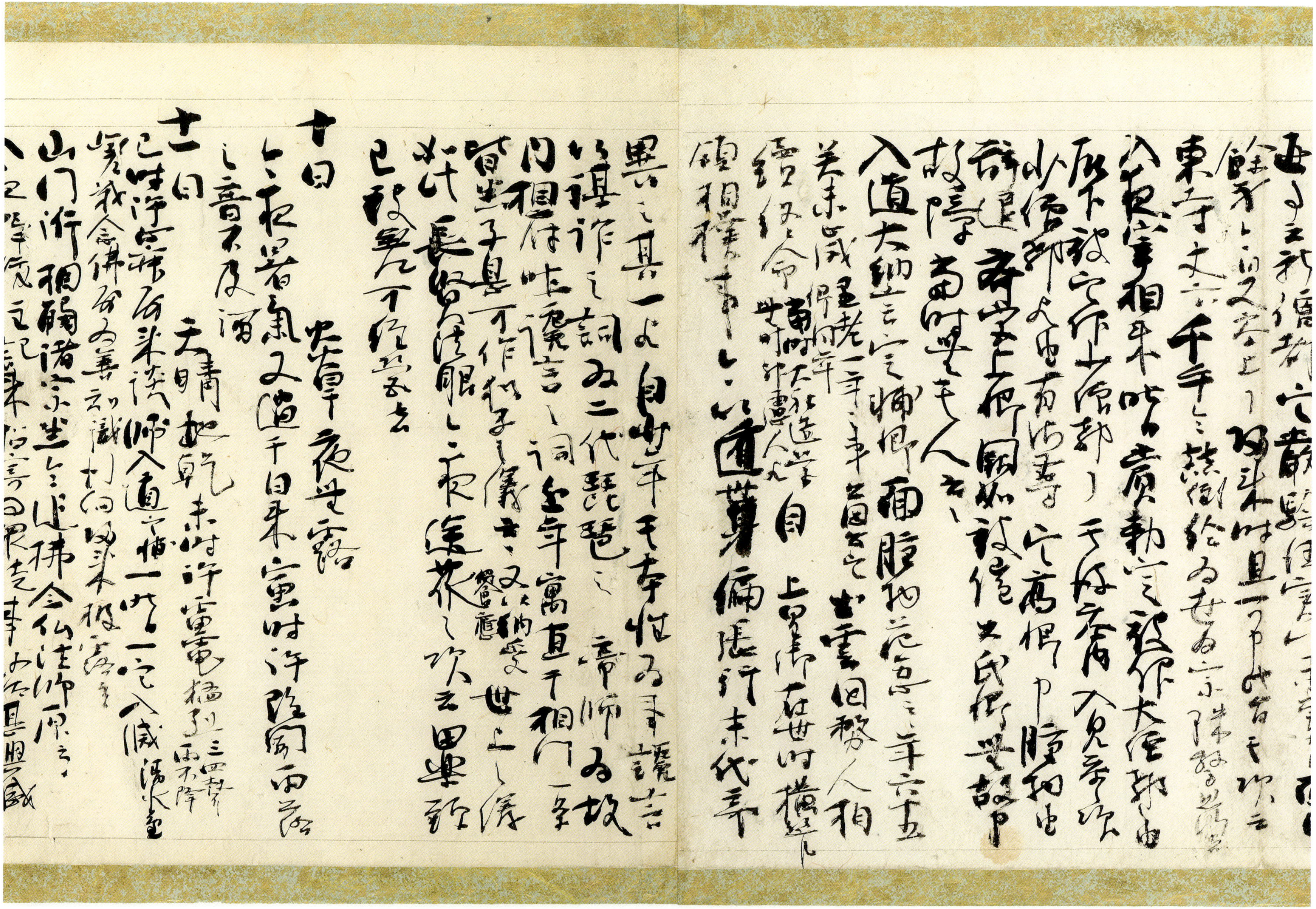

（4）

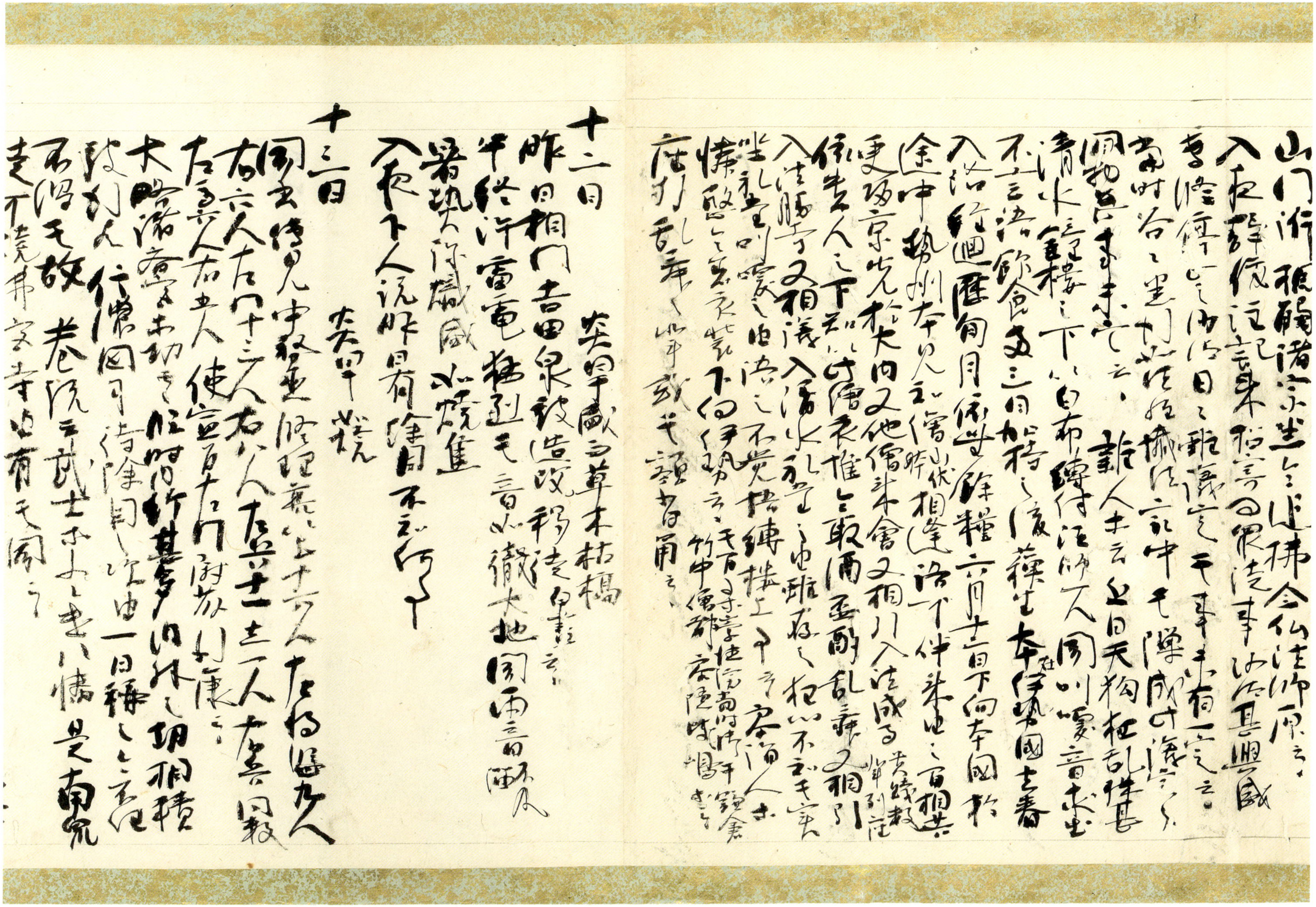

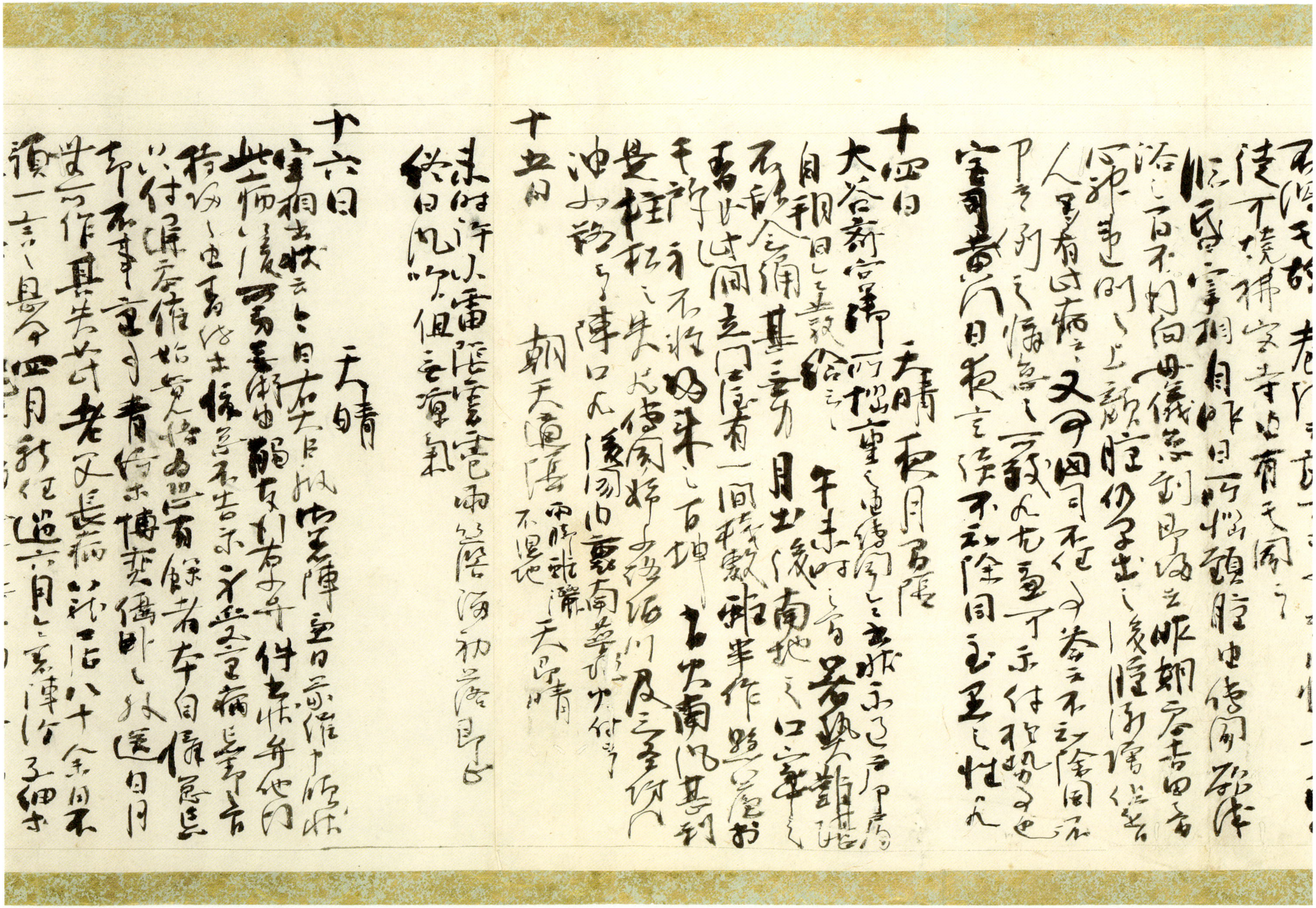

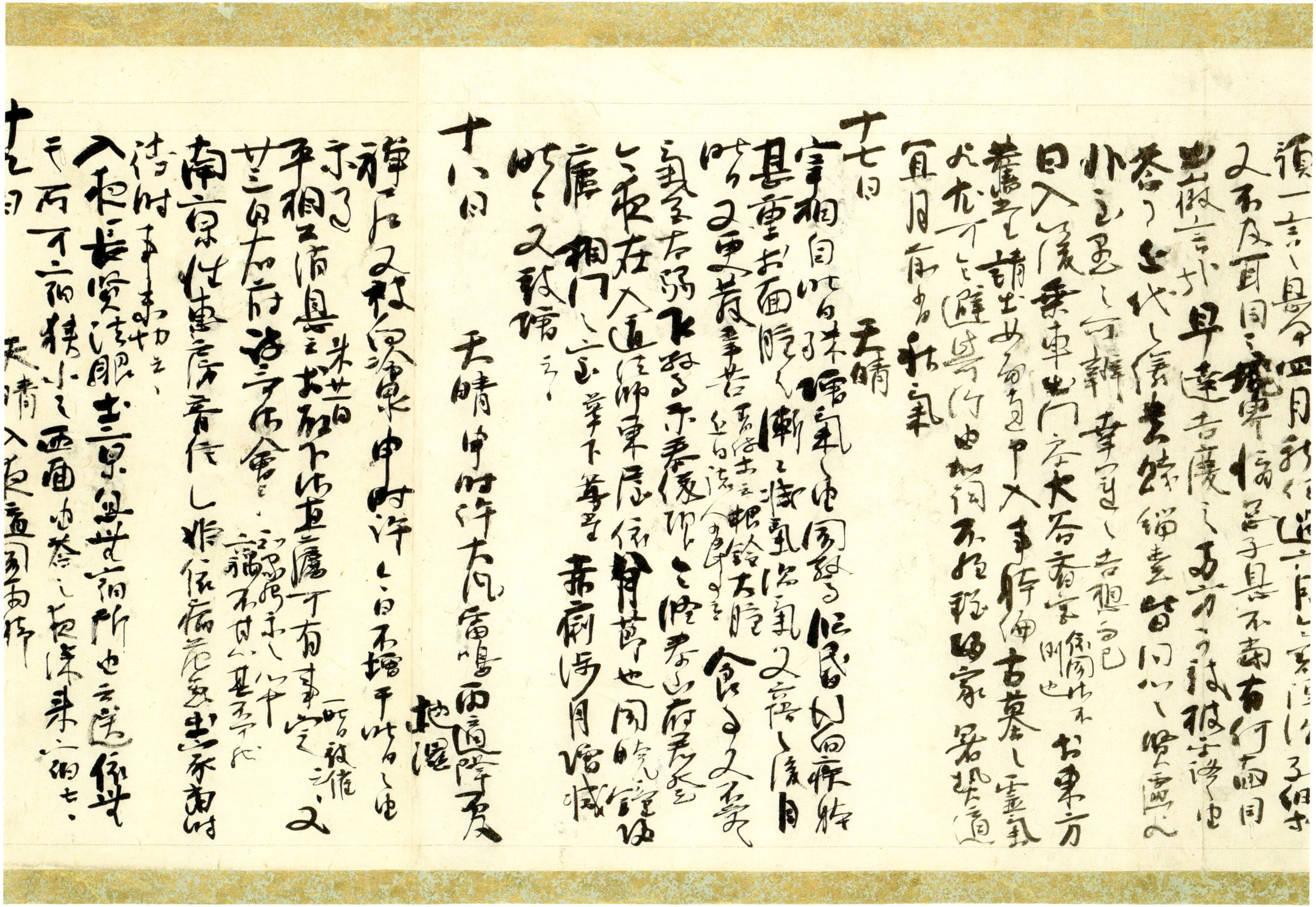

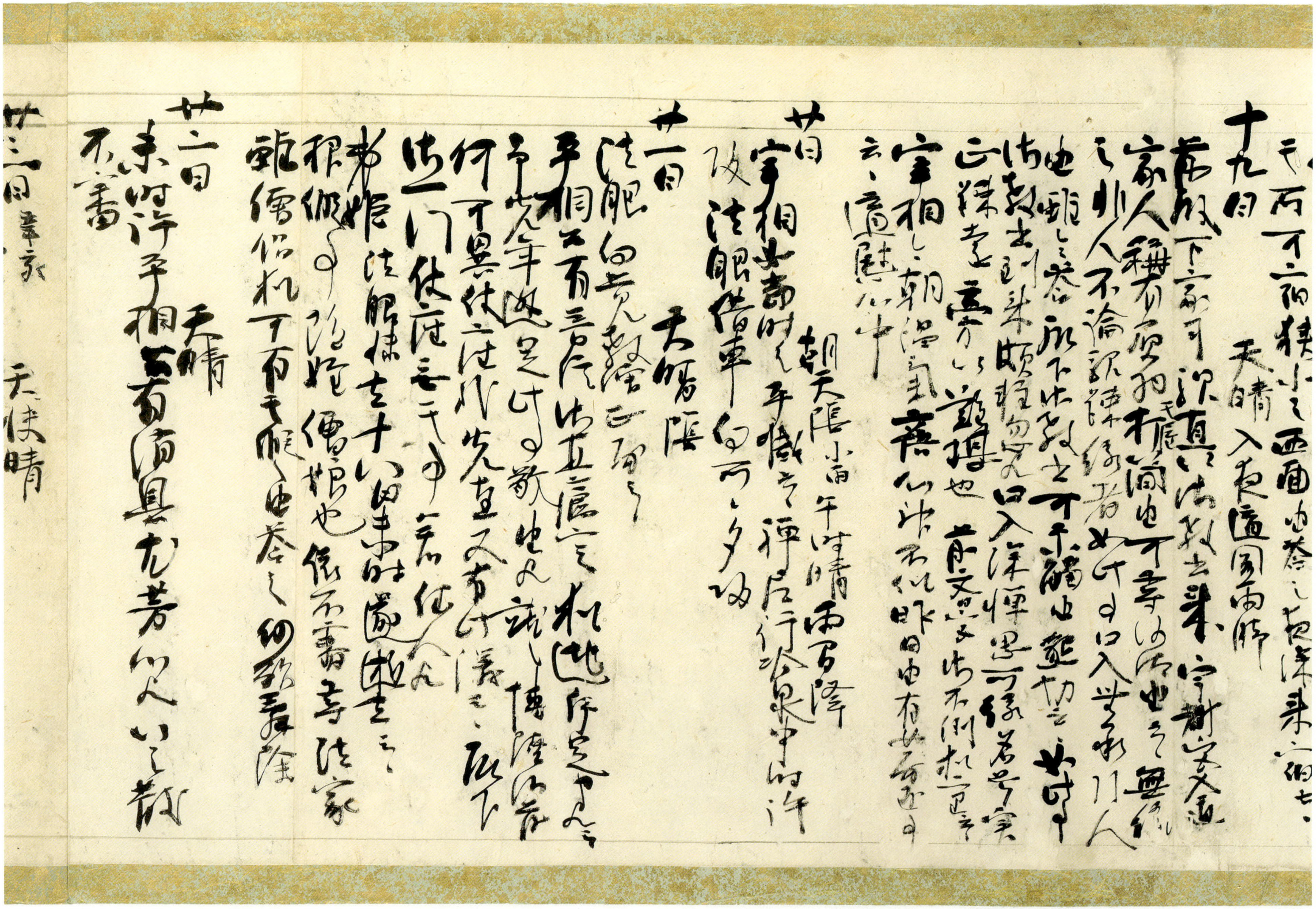

（9）　（8）

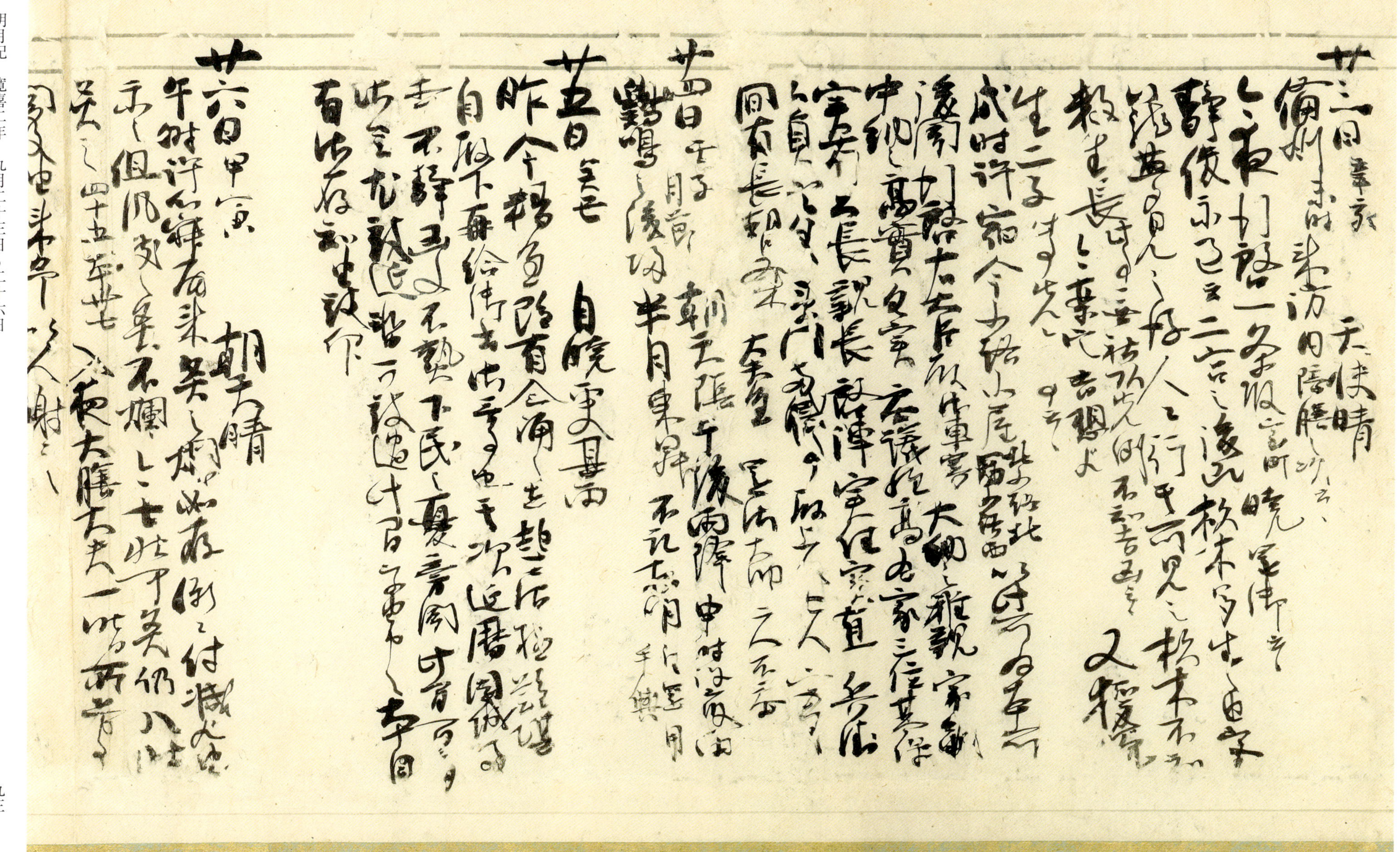

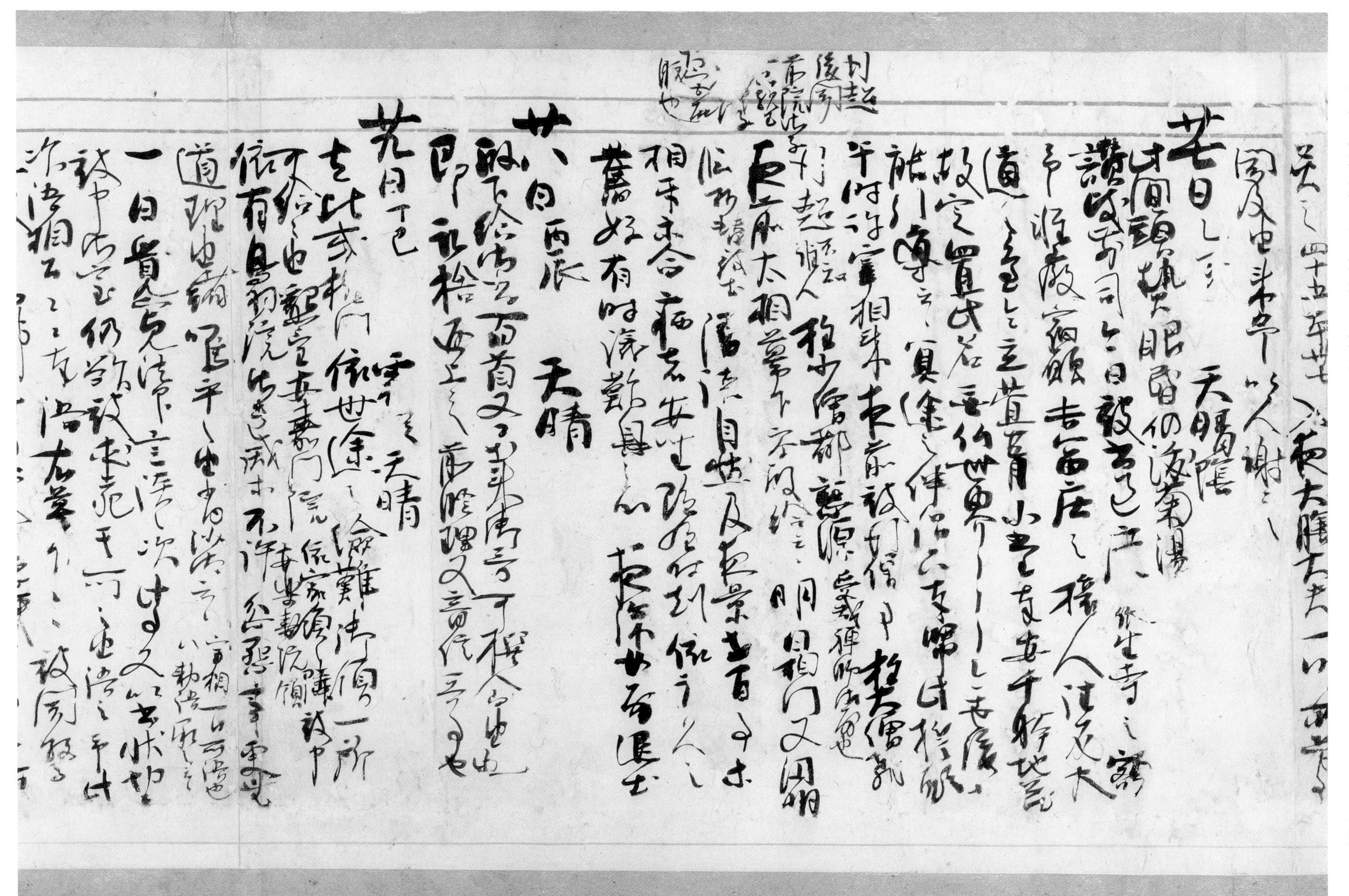

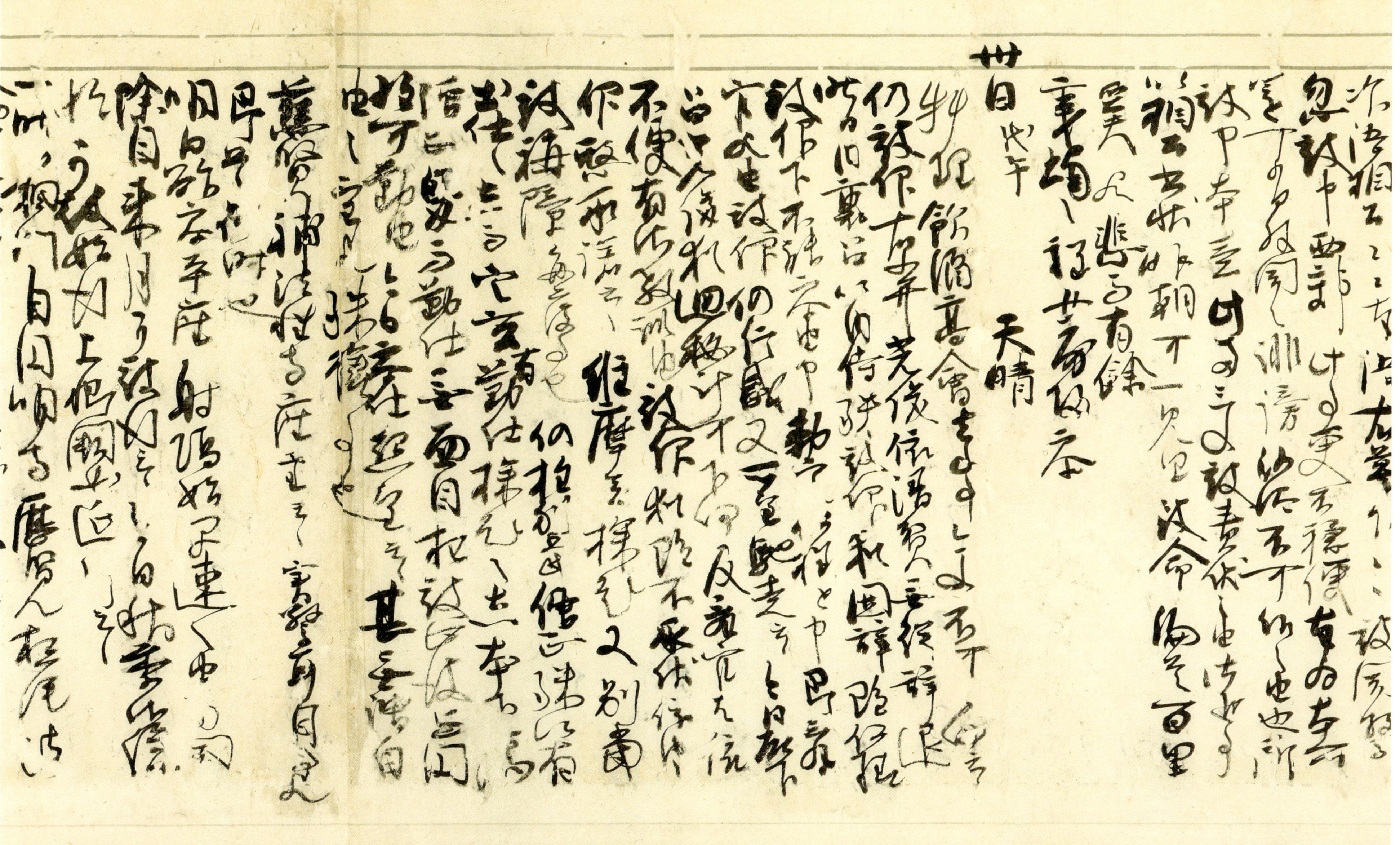

(12)

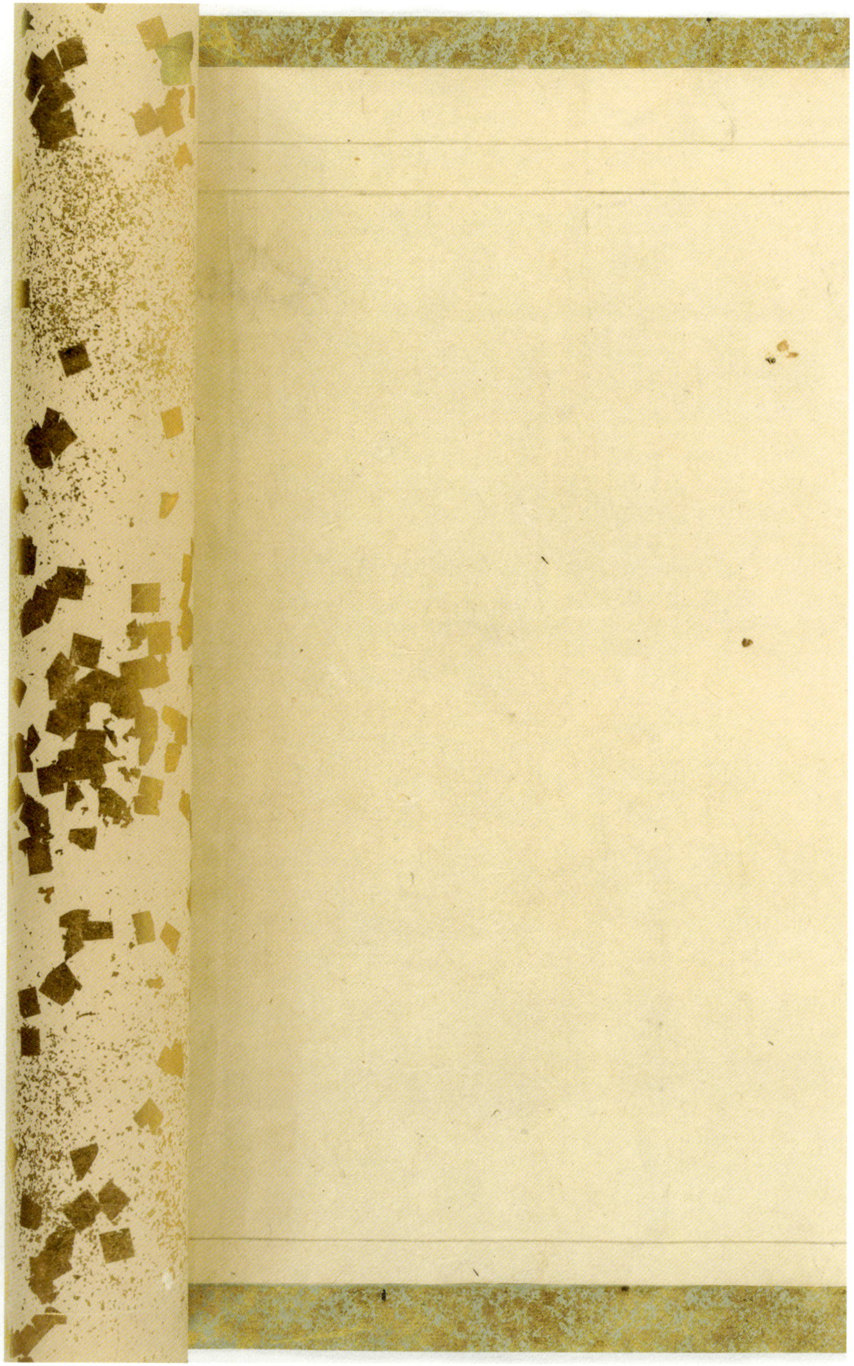

外題銘書付

嘉禄三年八・九月他記

明月記　嘉禄三年八・九月他記　表紙

明月記　嘉禄三年八・九月他記　原見返し

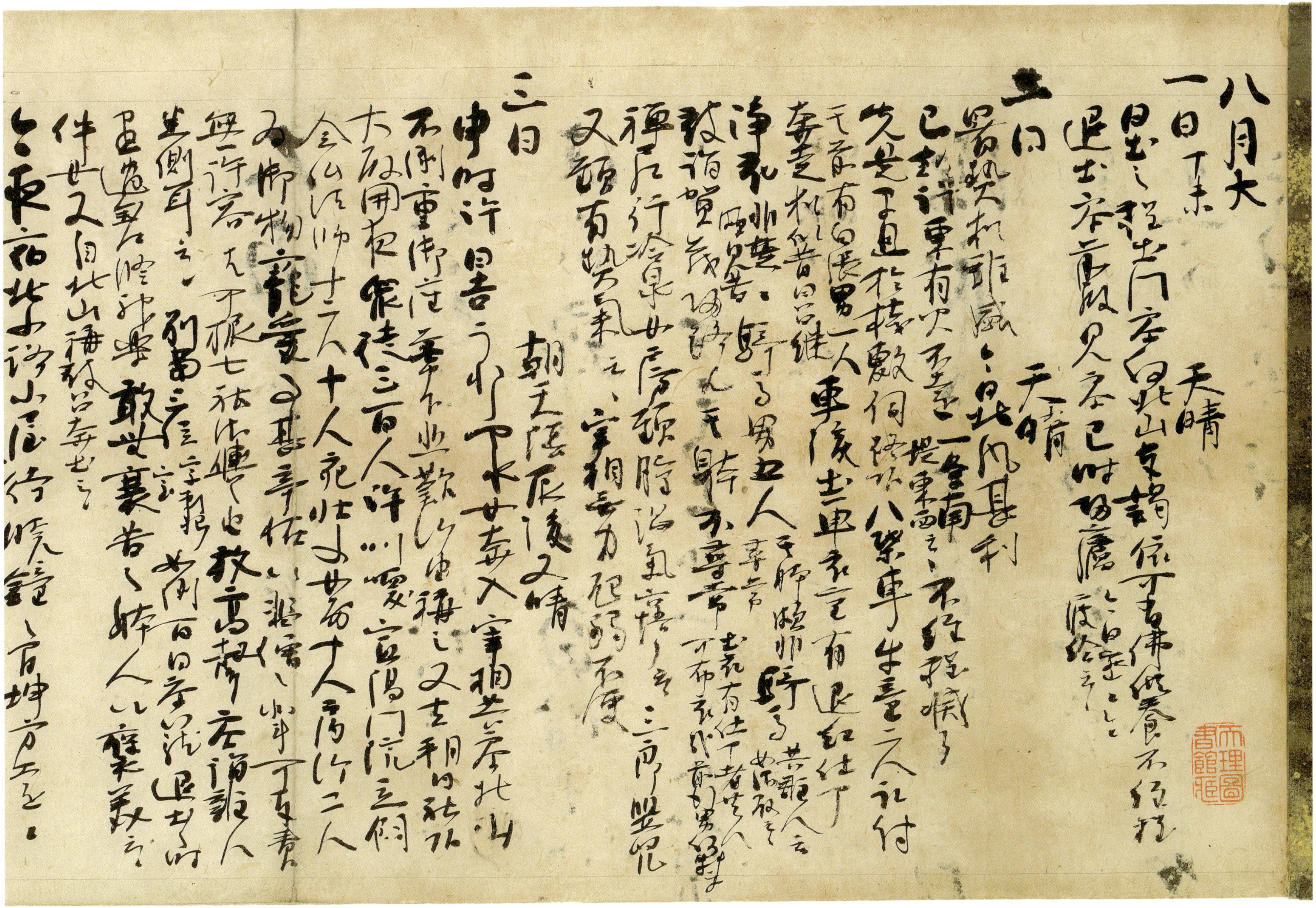

（1）

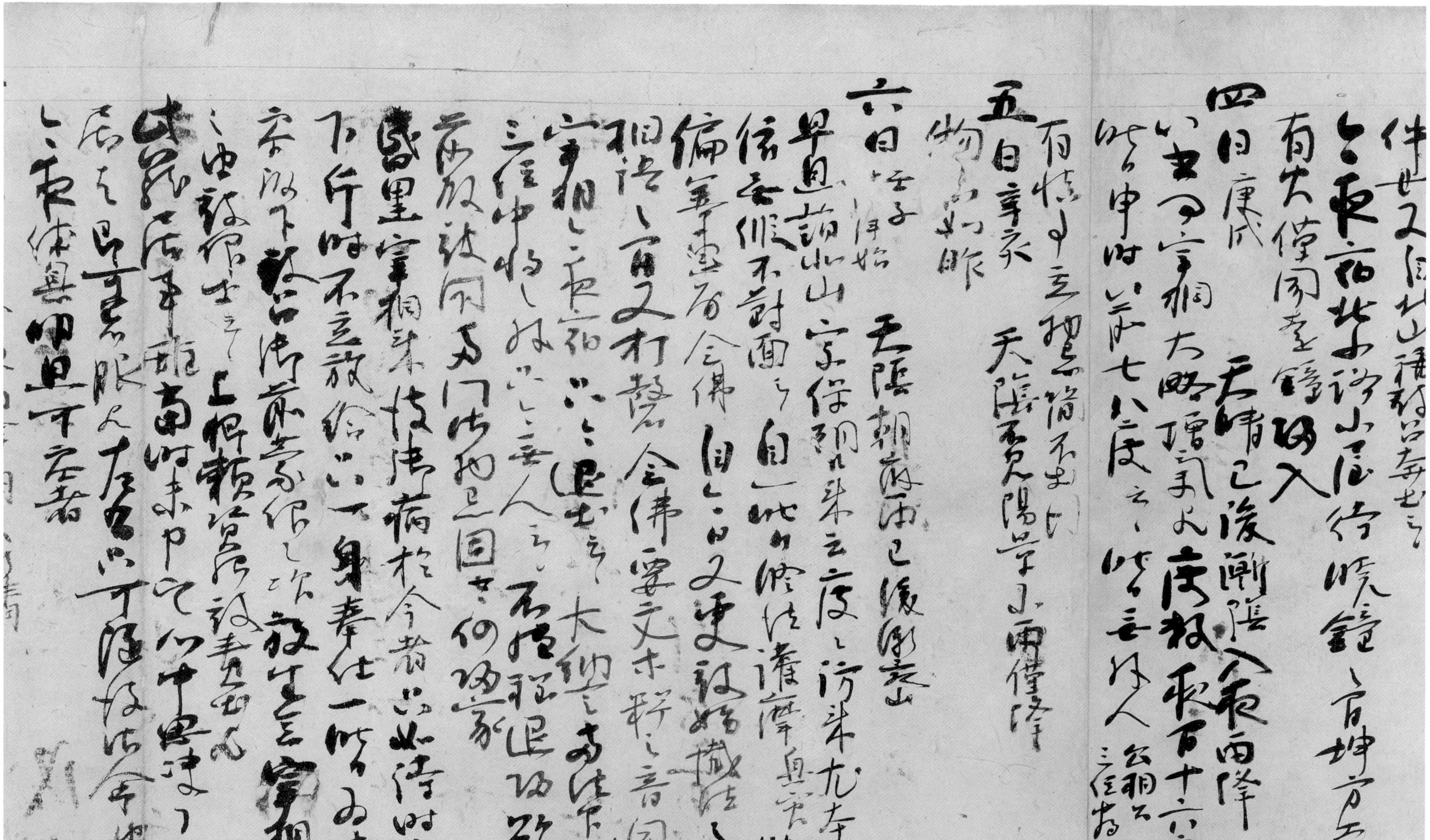

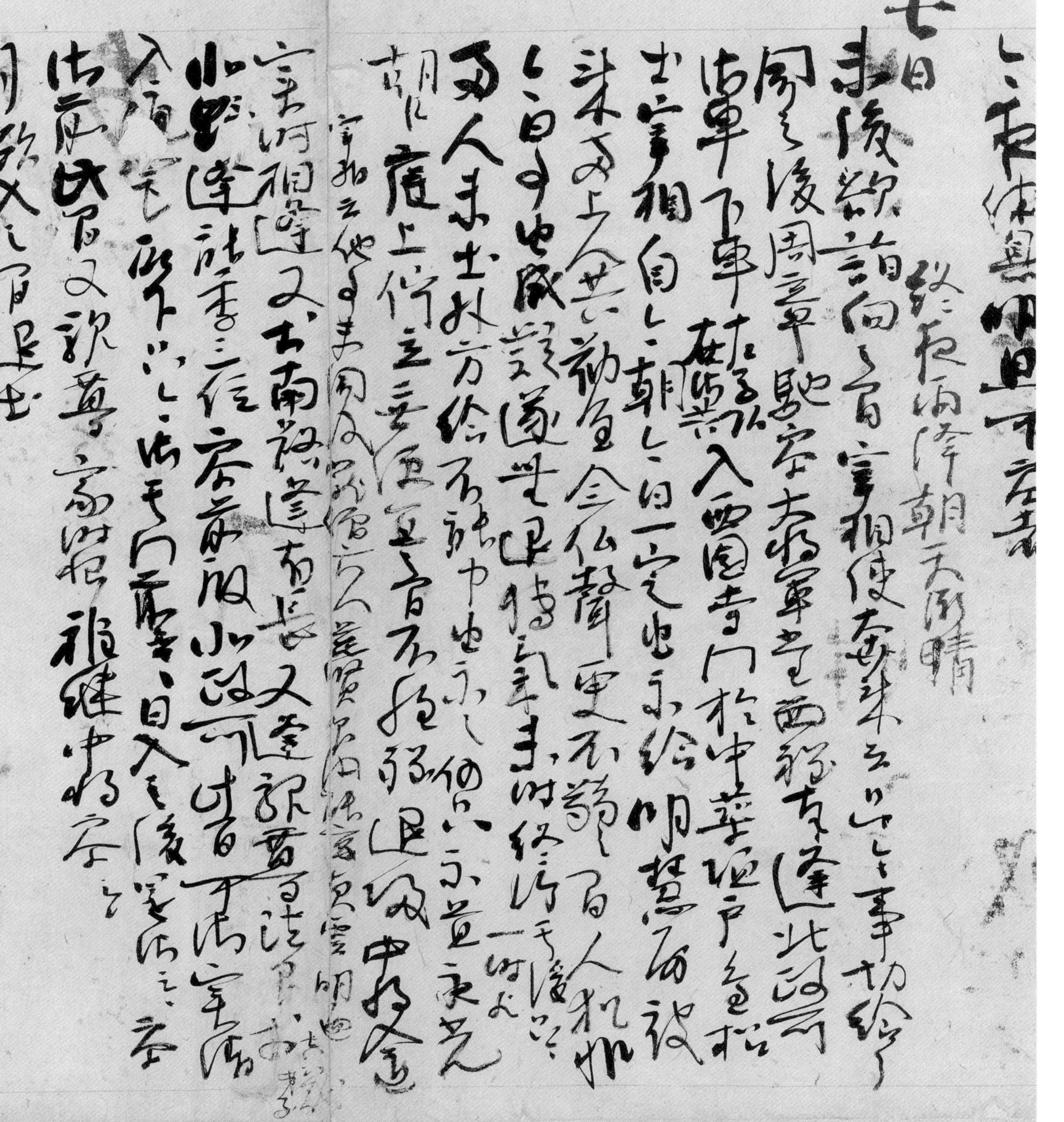

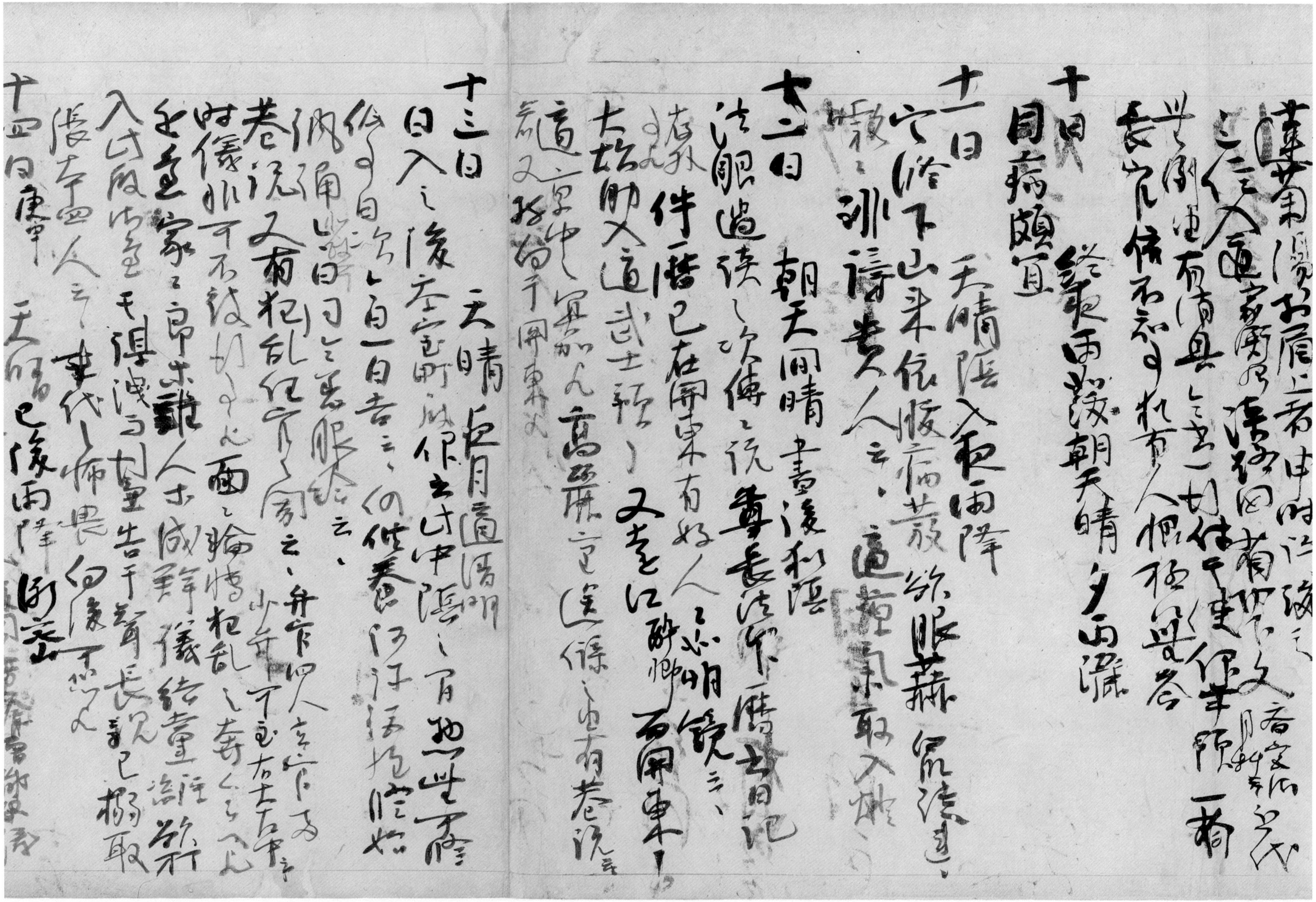

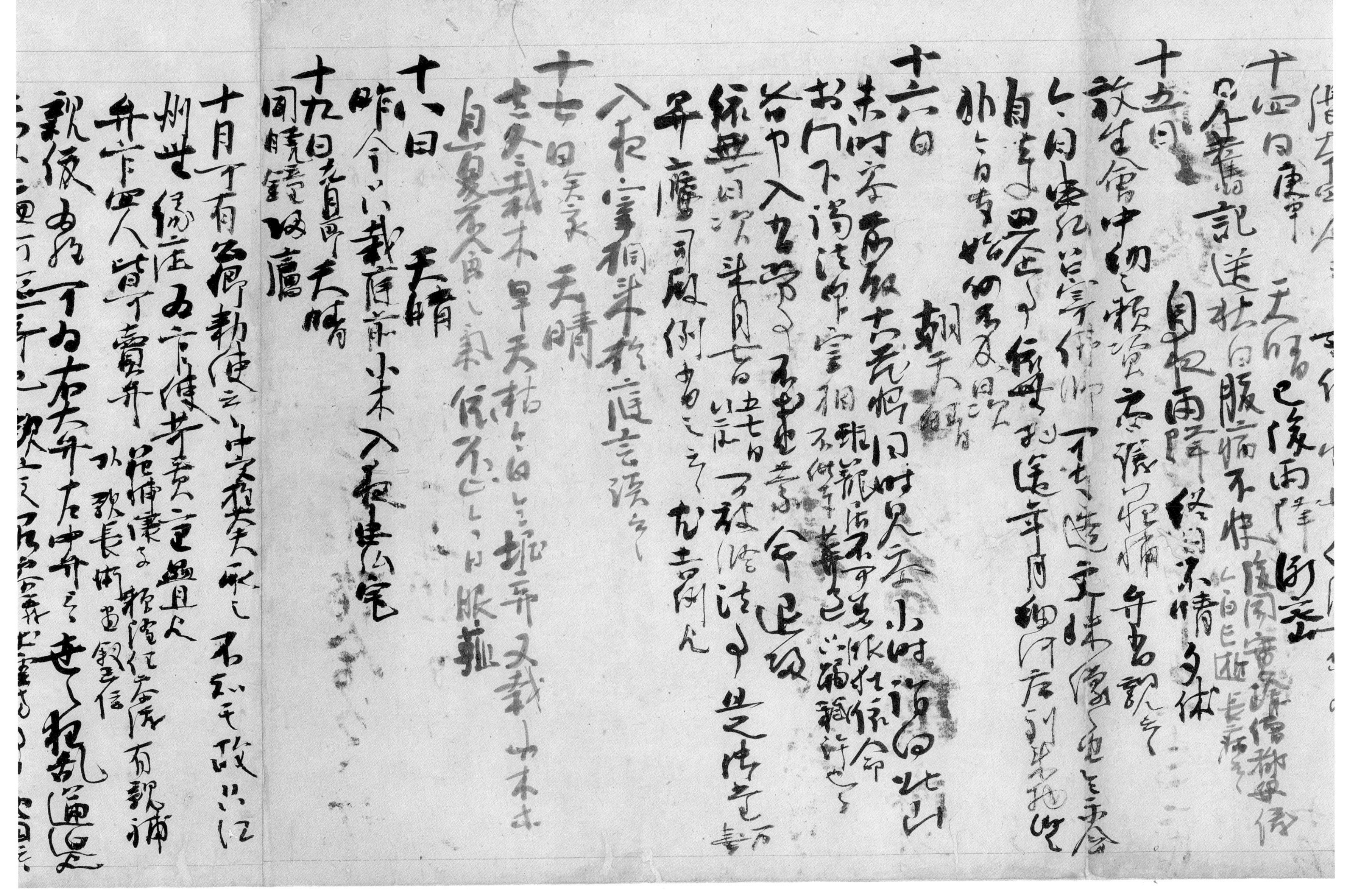

（5）

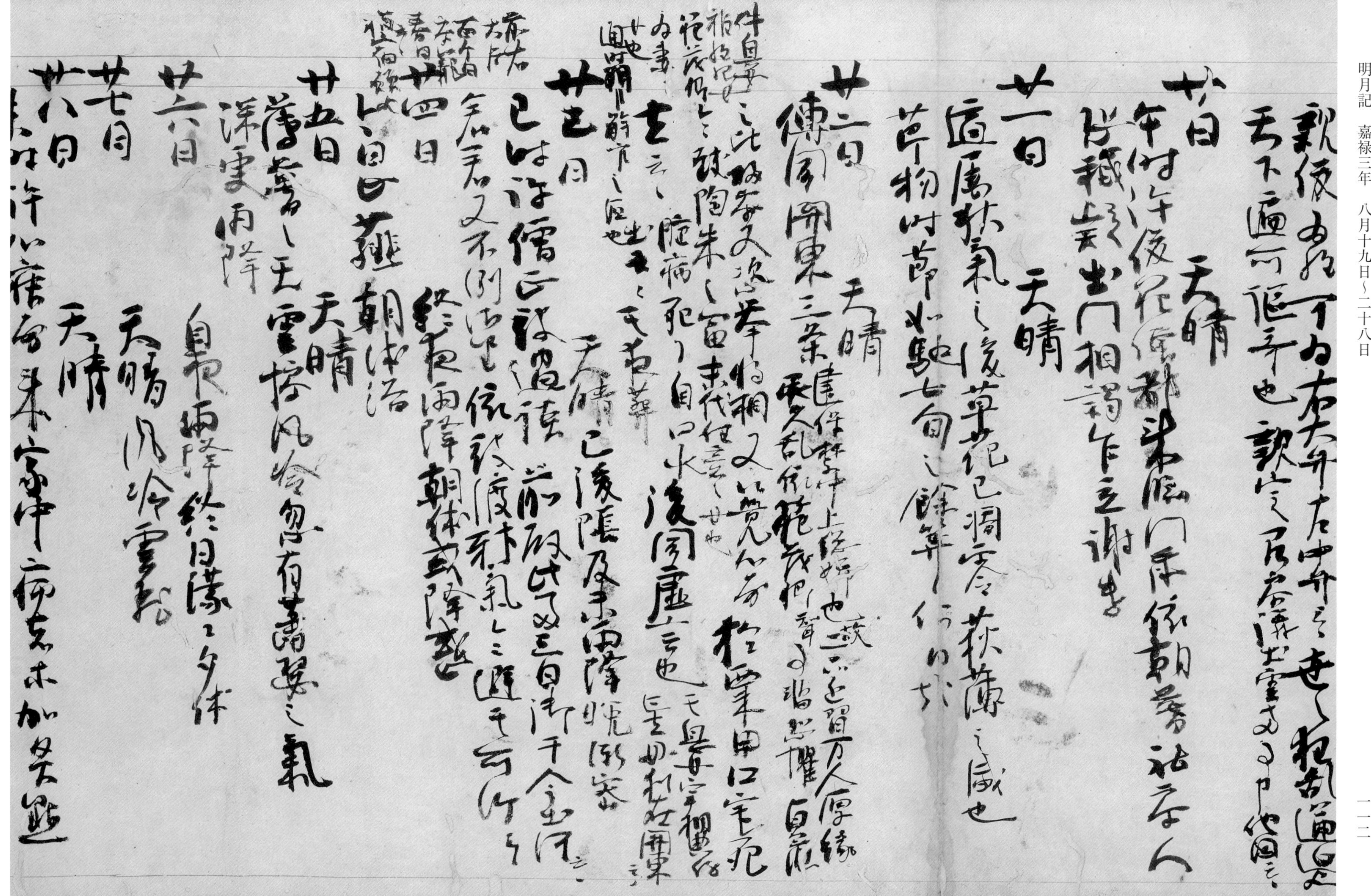

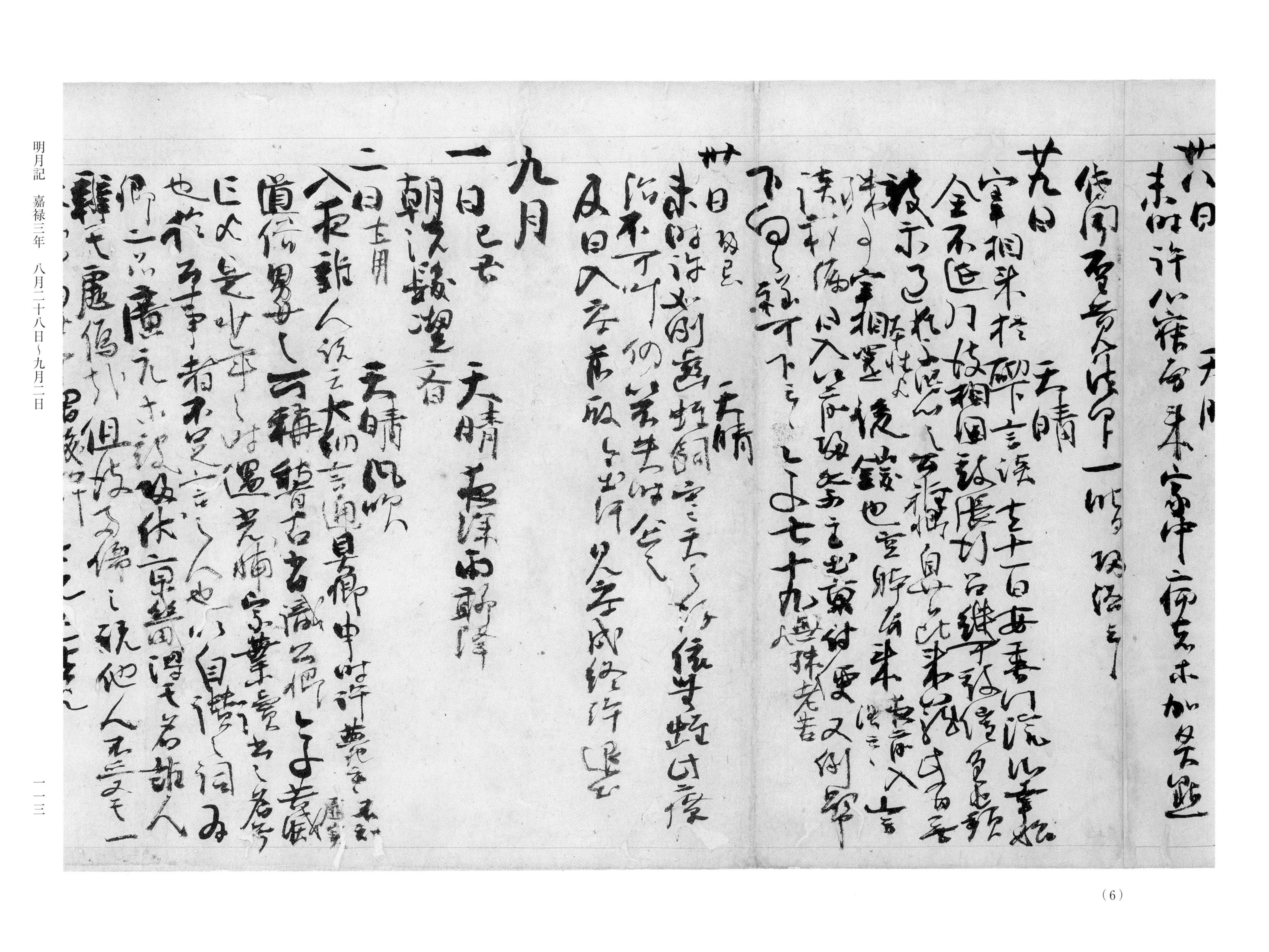

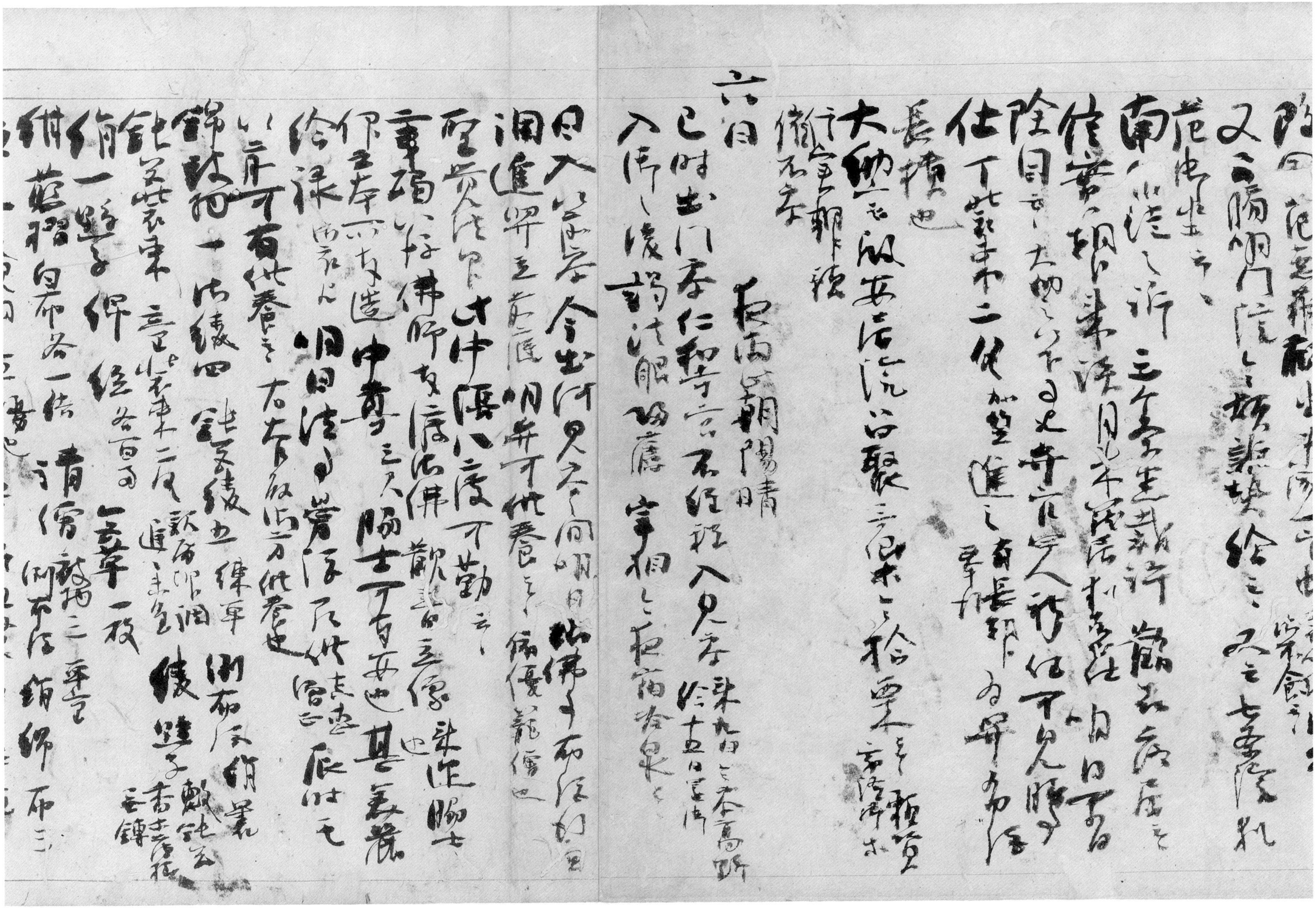

(8)

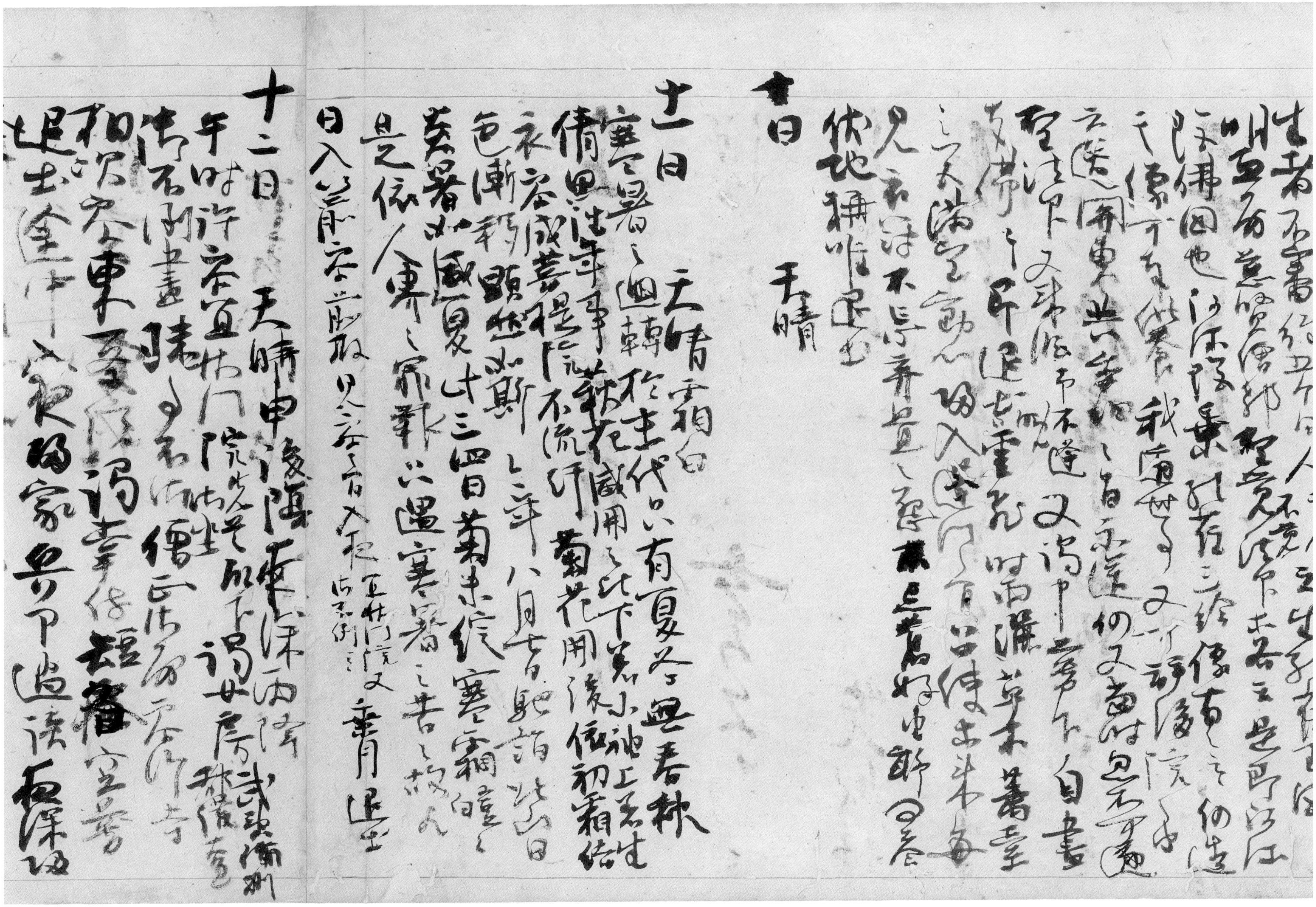

(10)

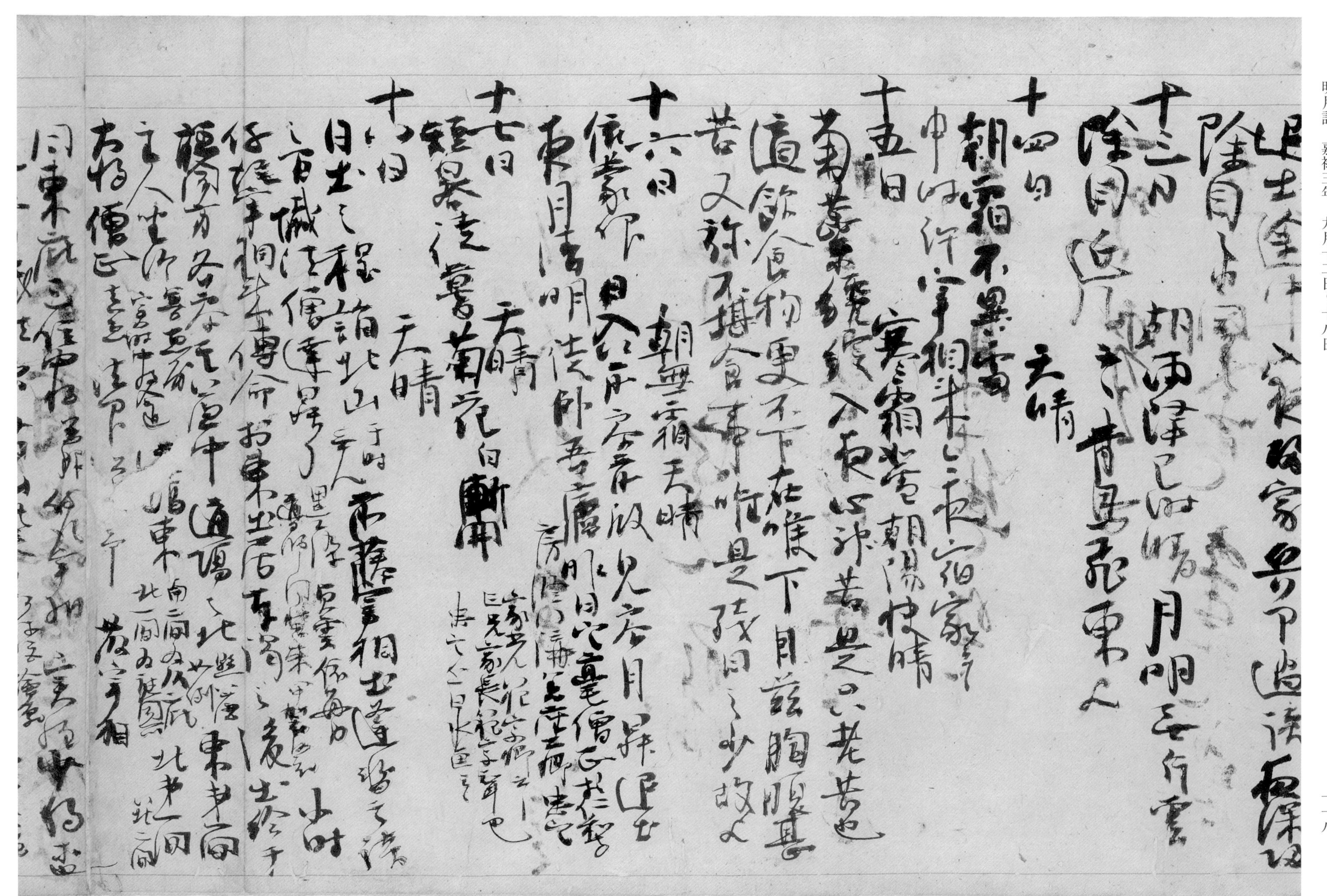

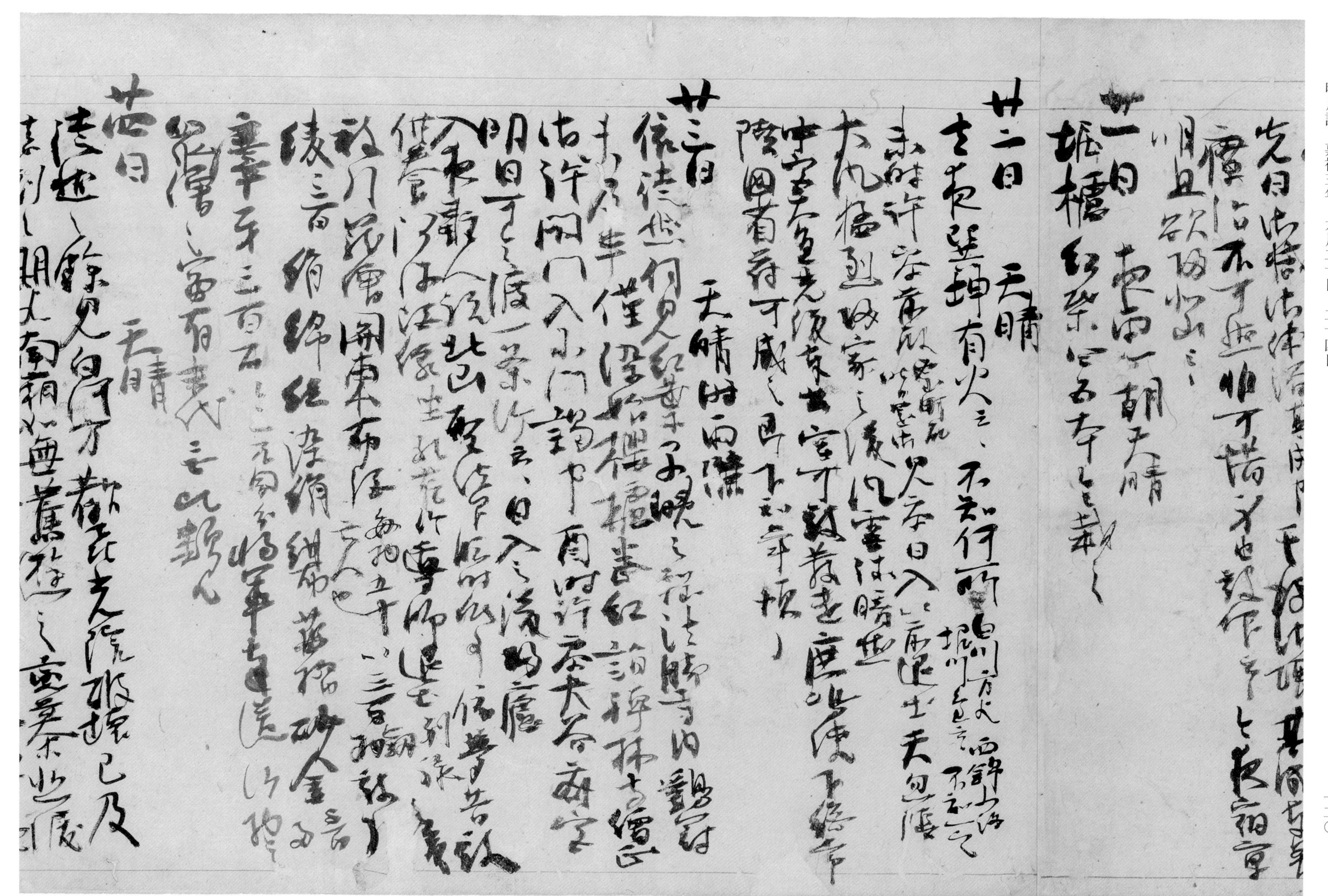

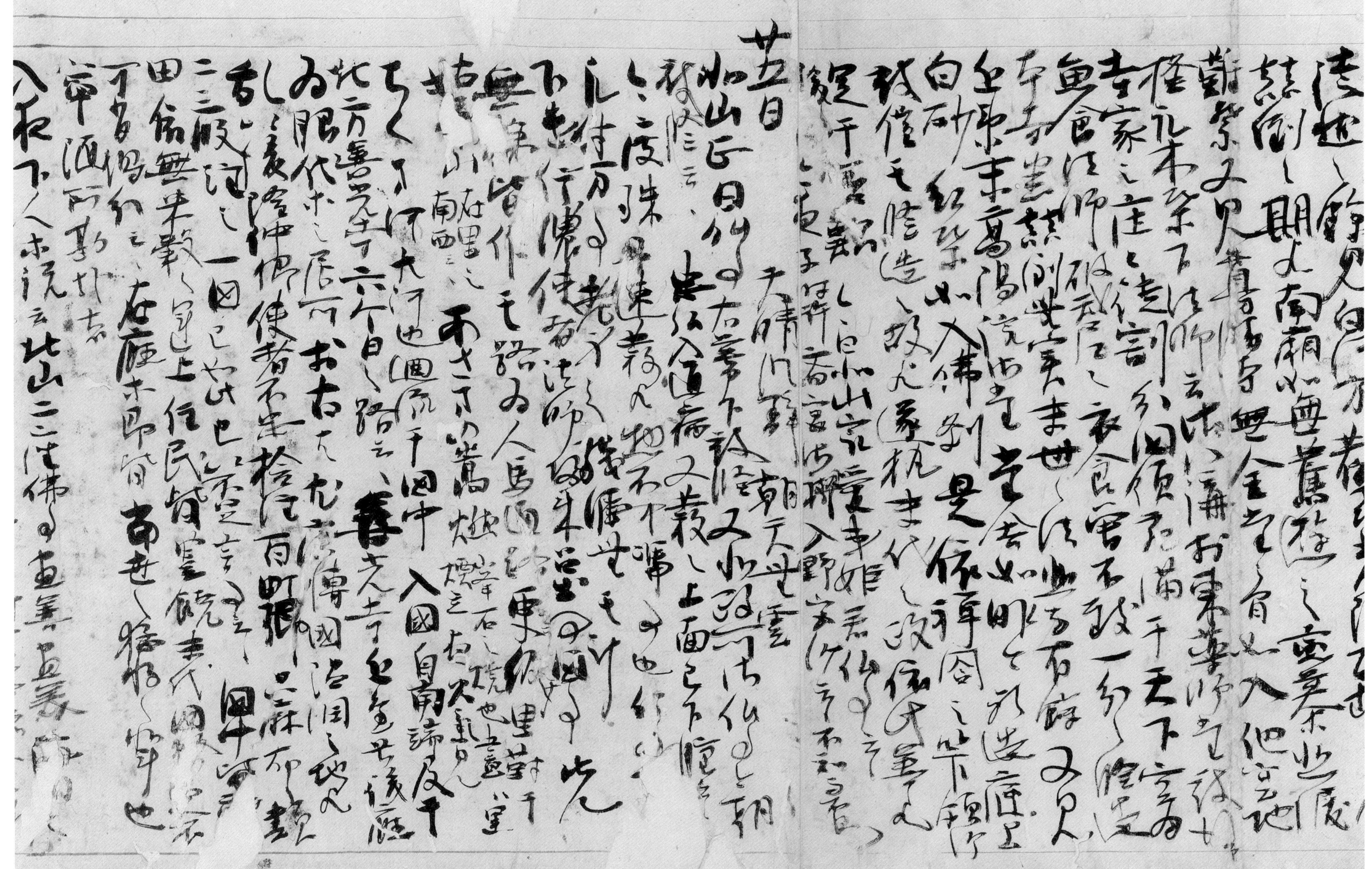

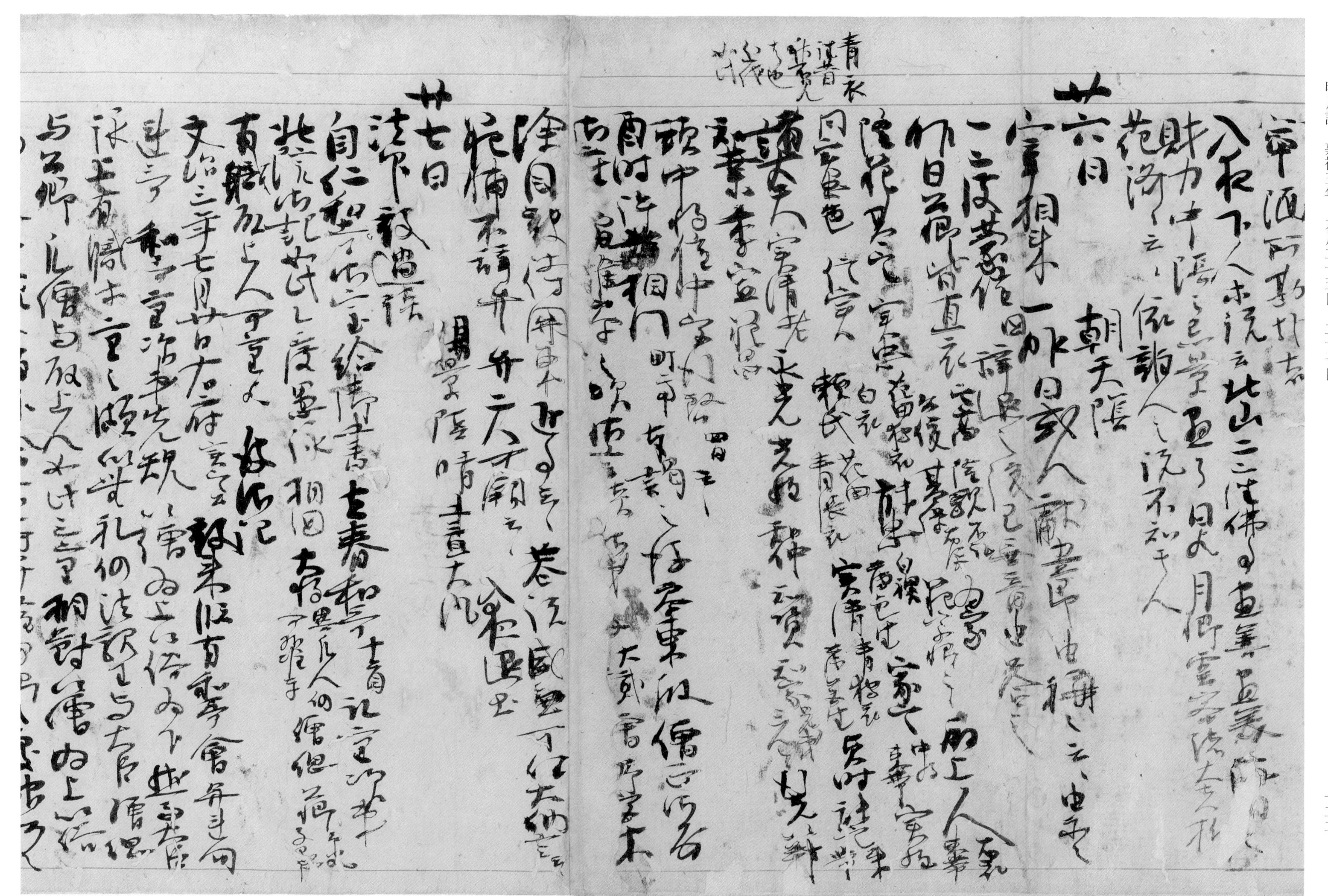

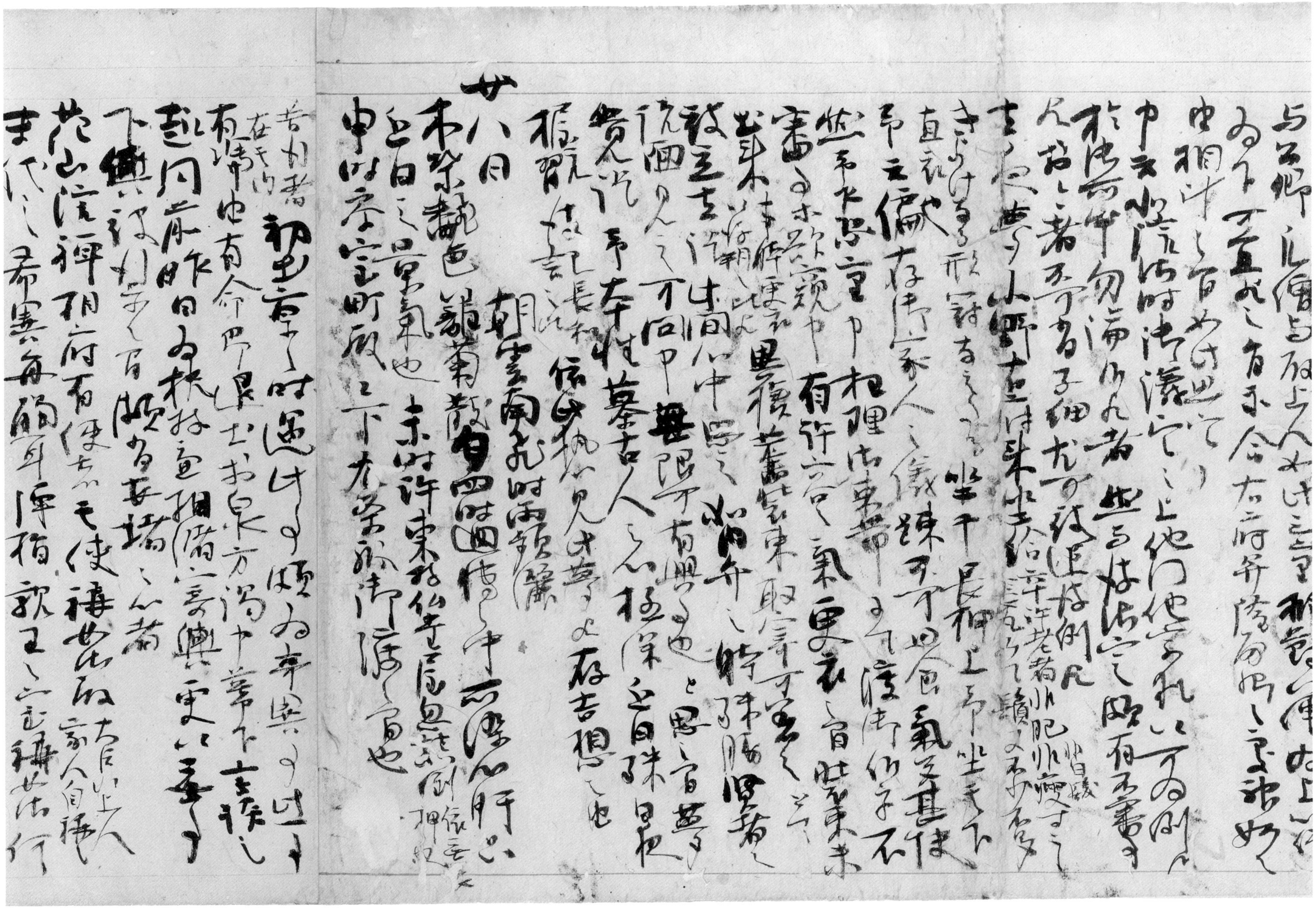

(15)

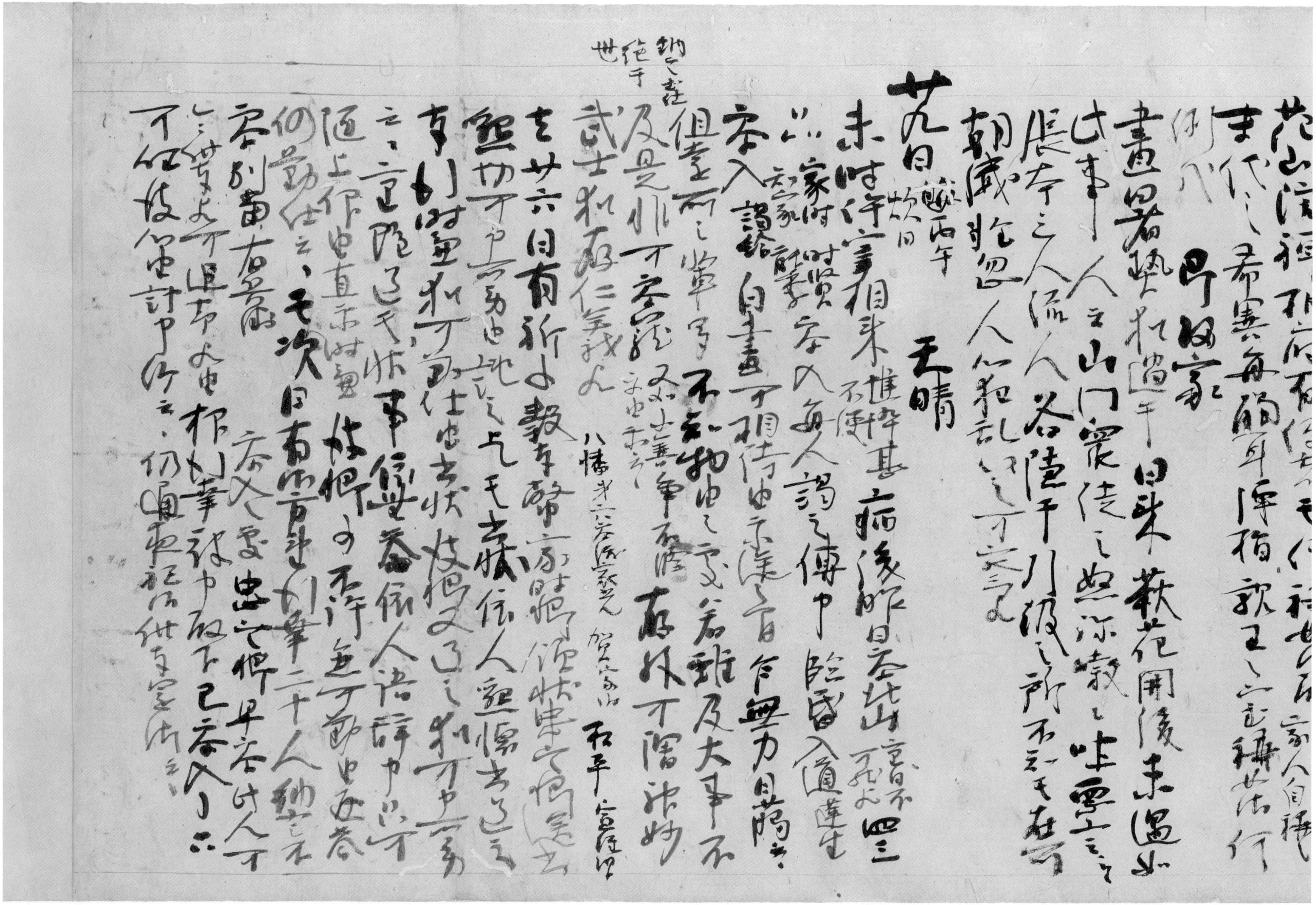

（継紙）

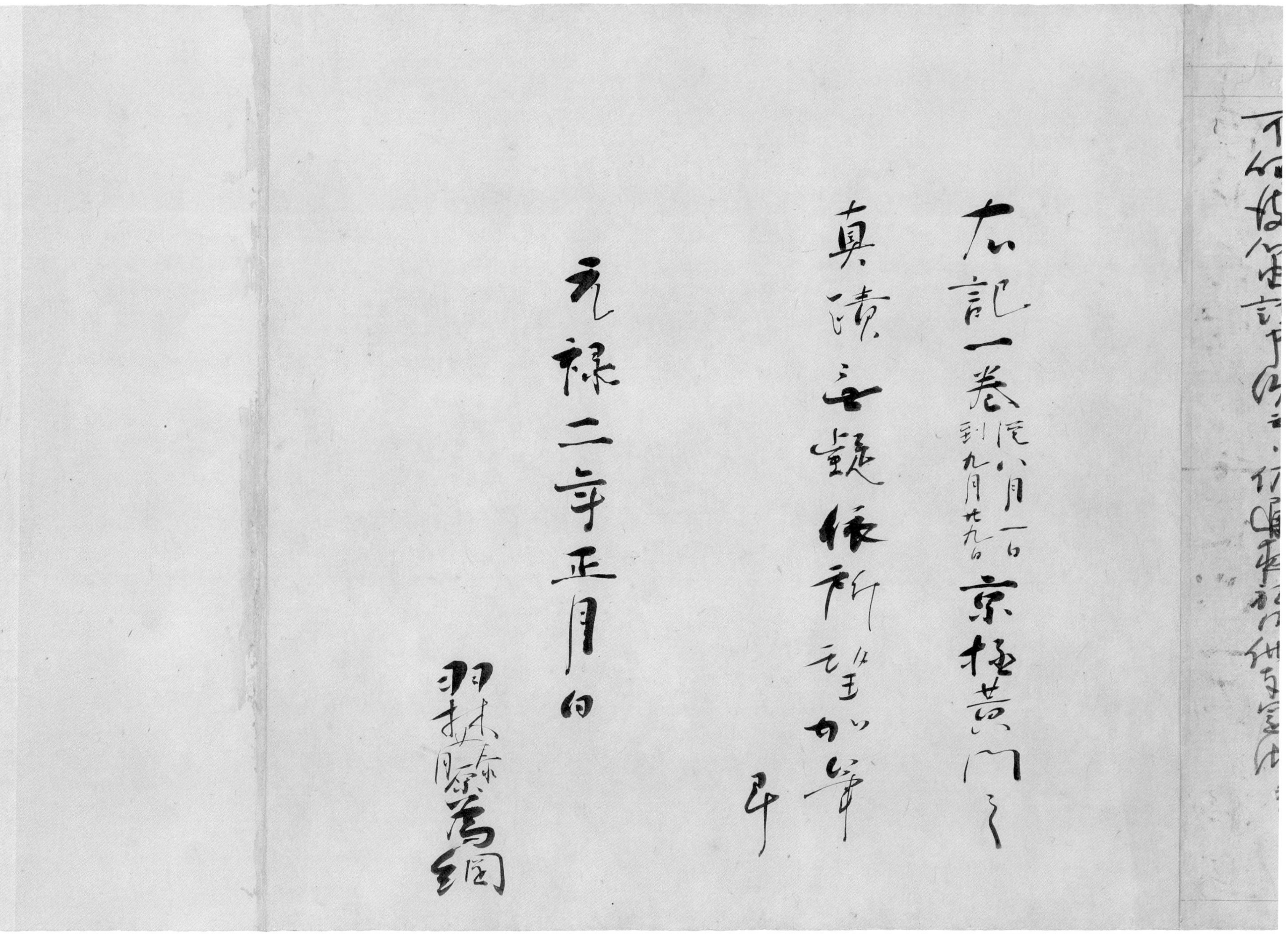

右記一巻自八月一日到九月廿九日京極黄門之
真蹟無疑依所望加筆
耳

元禄二年正月日
羽林[illegible]為綱

（継紙）

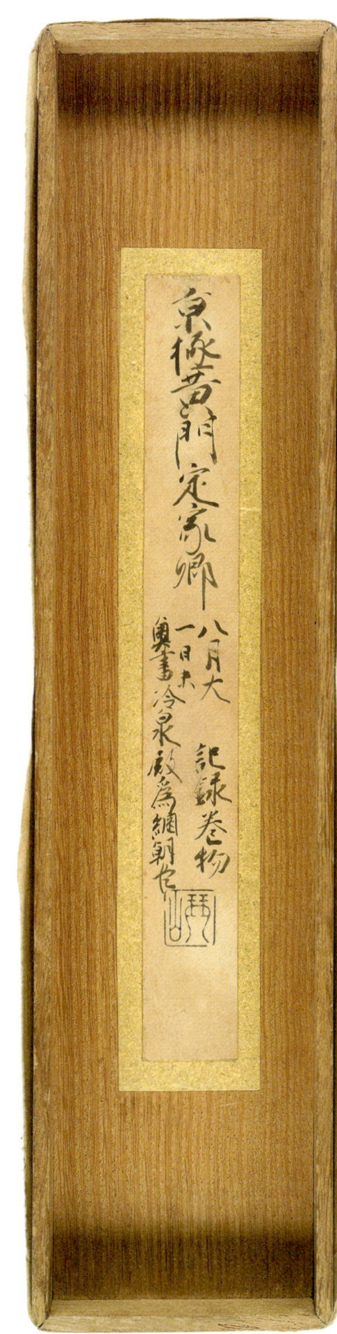

古筆了珉極札

附属文書

①題簽包紙 1

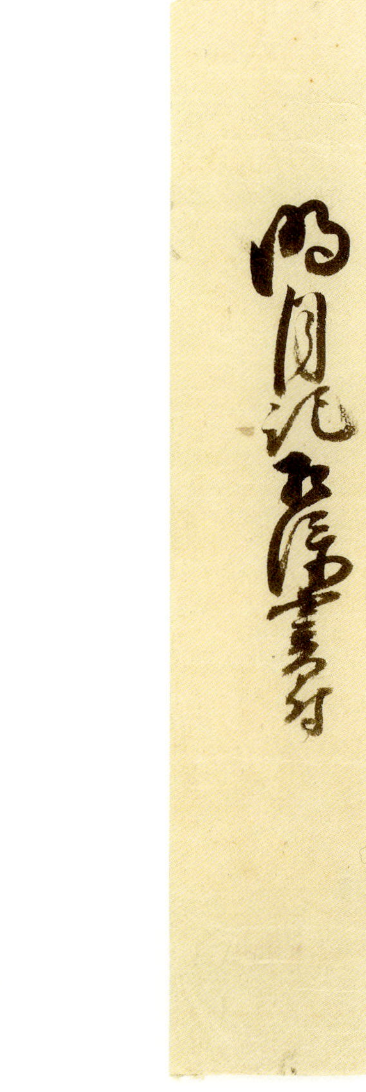

②題簽包紙 2

③題簽包紙 3

（裏）　（表）

④題簽

（奥裏朱書）

⑦滋野井公澄覚書

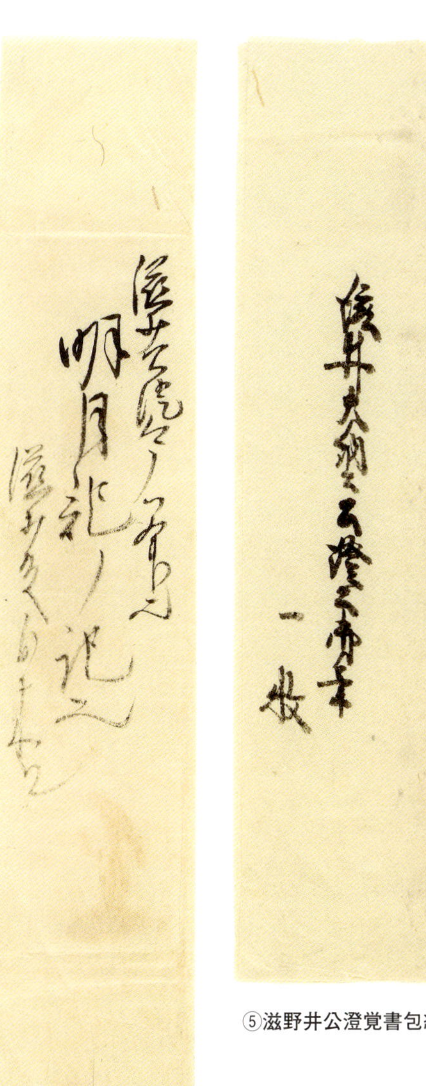

⑤滋野井公澄覚書包紙１

⑥滋野井公澄覚書包紙２

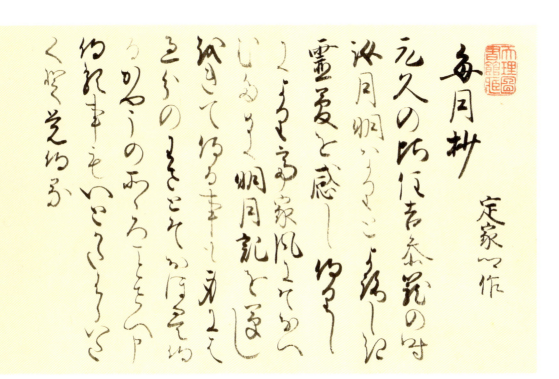

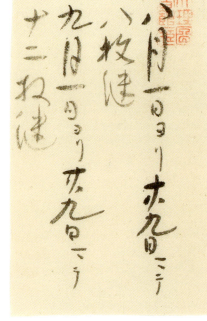

⑧正治元年記紙数書付小切紙

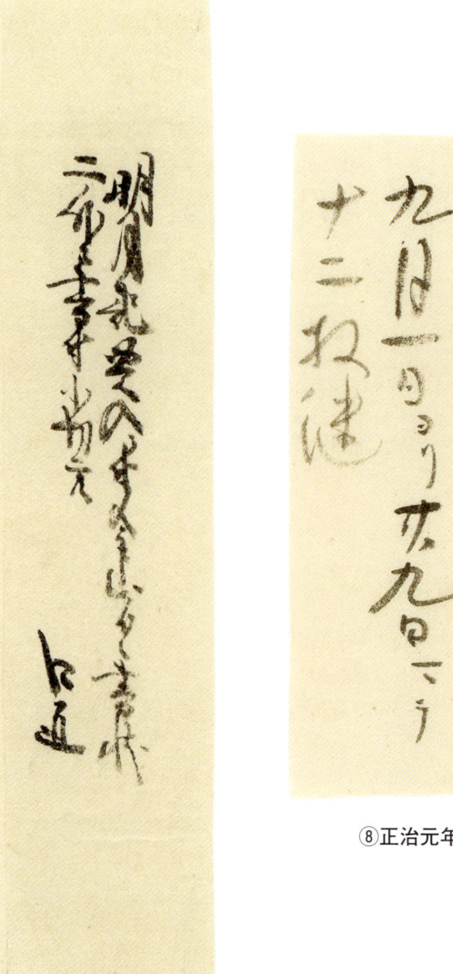

⑨金山猪兵衛書状包紙

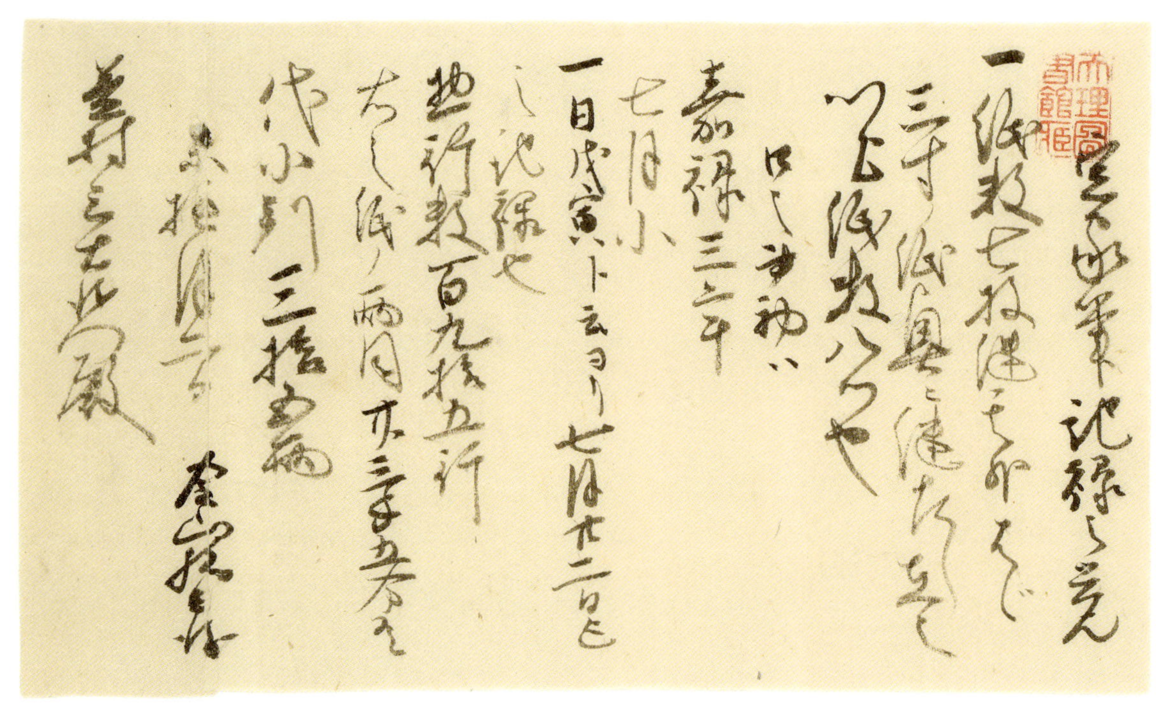

⑩金山猪兵衛書状（元禄四年辛未）十二月二日　益村三右衛門宛

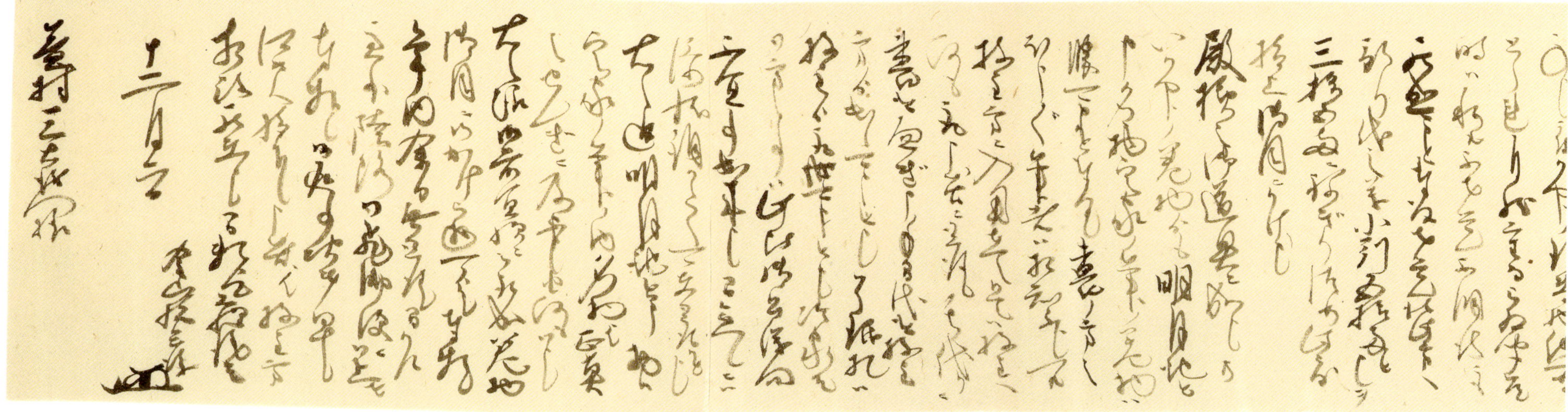

⑪金山猪兵衛書状（元禄四年）十二月二日　益村三右衛門宛

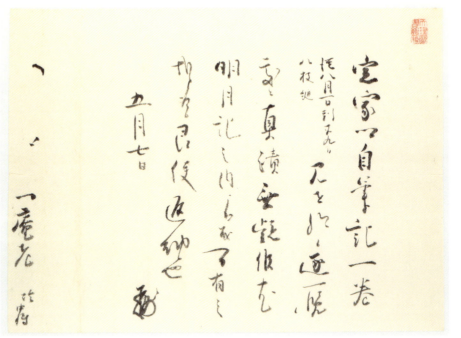

⑫冷泉為綱添状包紙

⑬冷泉為綱正治元年八月他記添状　五月七日　一庵宛

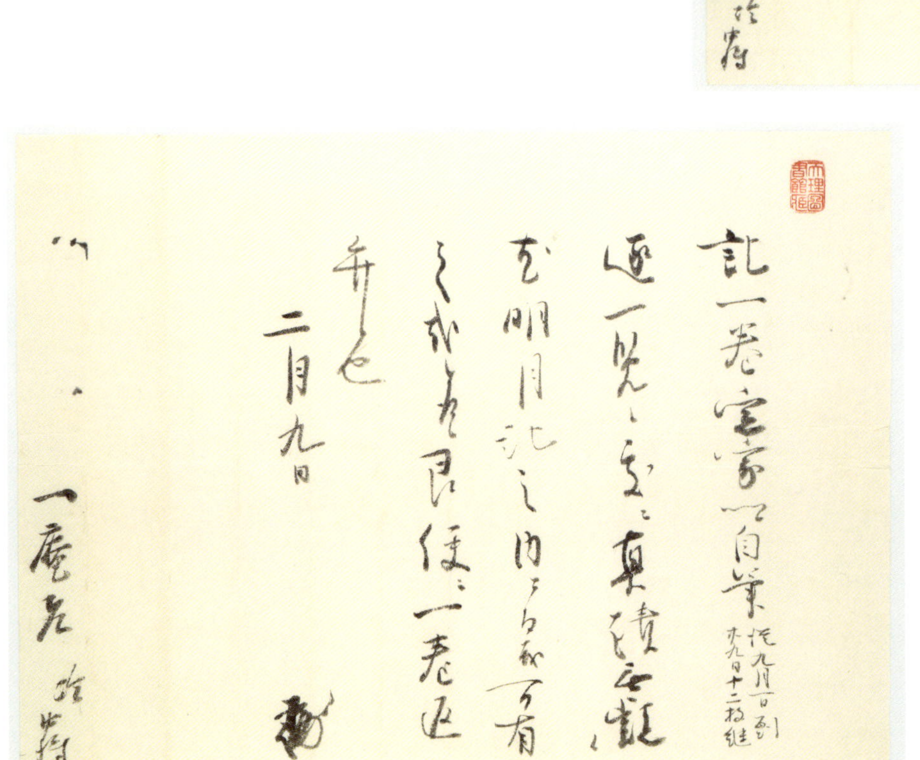

⑭冷泉為綱正治元年九月他記添状　二月九日　一庵宛

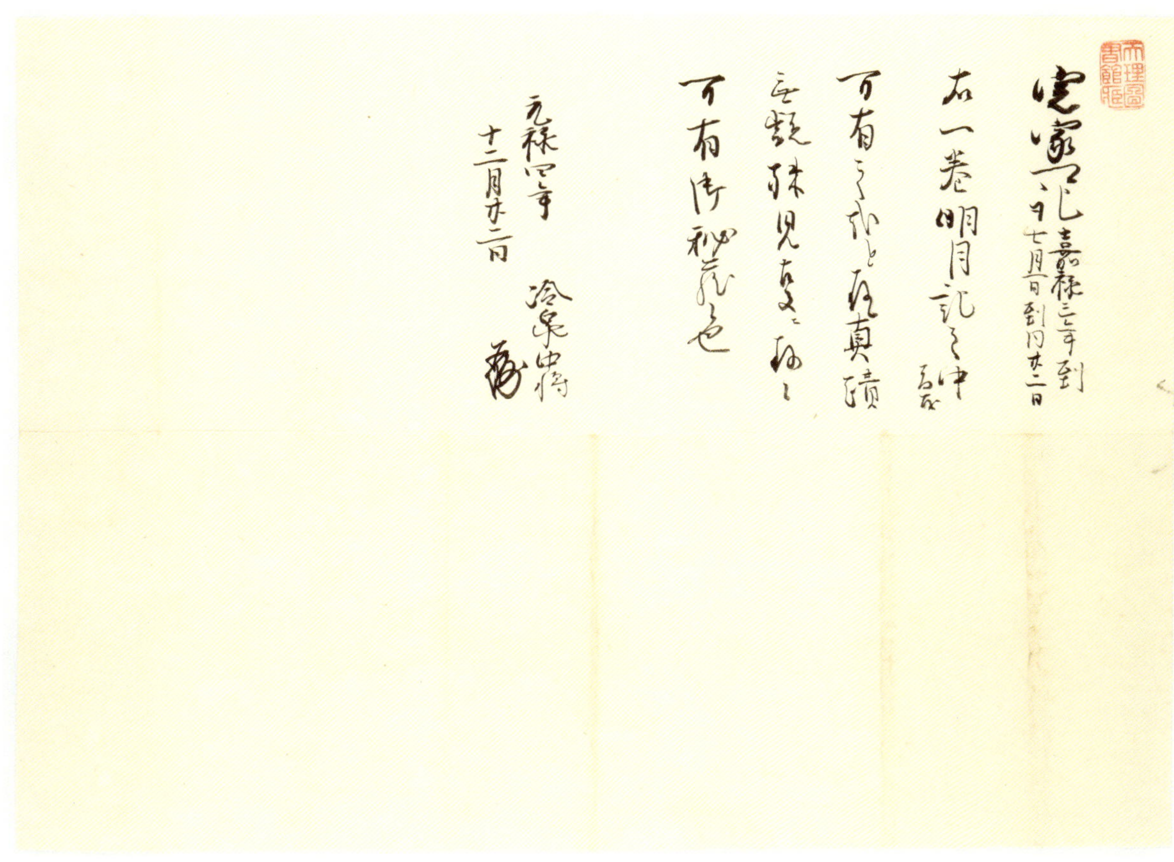

⑯冷泉為綱嘉禄三年七月記添状　元禄四年十二月二十二日

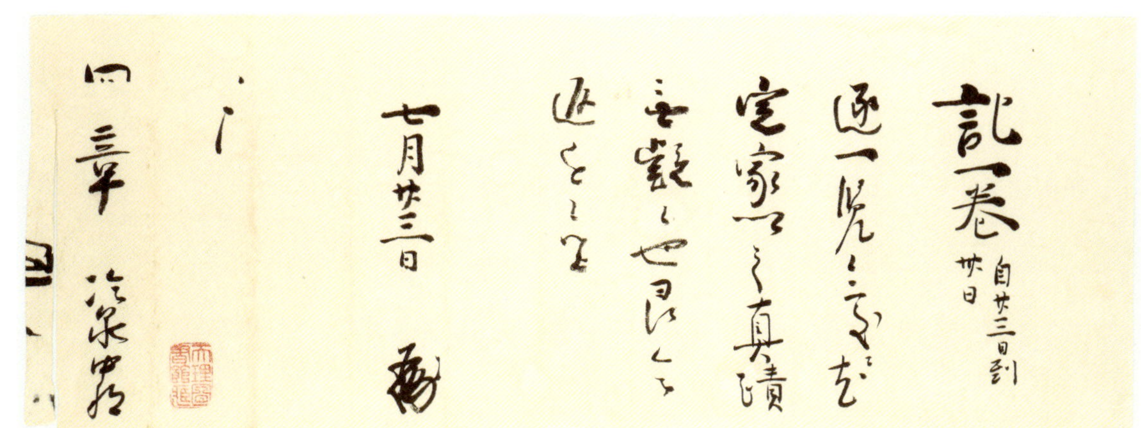

⑰冷泉為綱寛喜二年九月記添状　七月二十三日

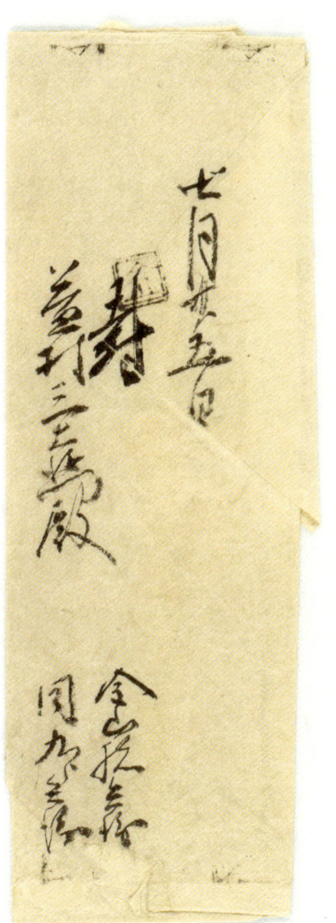

（裏）

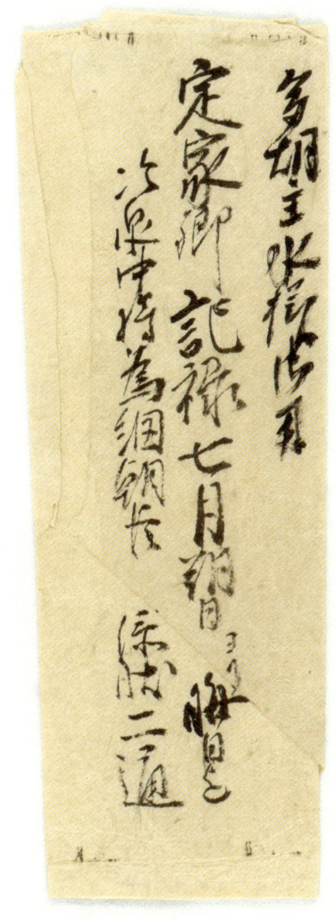

（表）

⑮冷泉為綱嘉禄三年七月他記添状包紙

（七月二十五日　益村三右衛門宛　金山猪兵衛・同九郎兵衛）

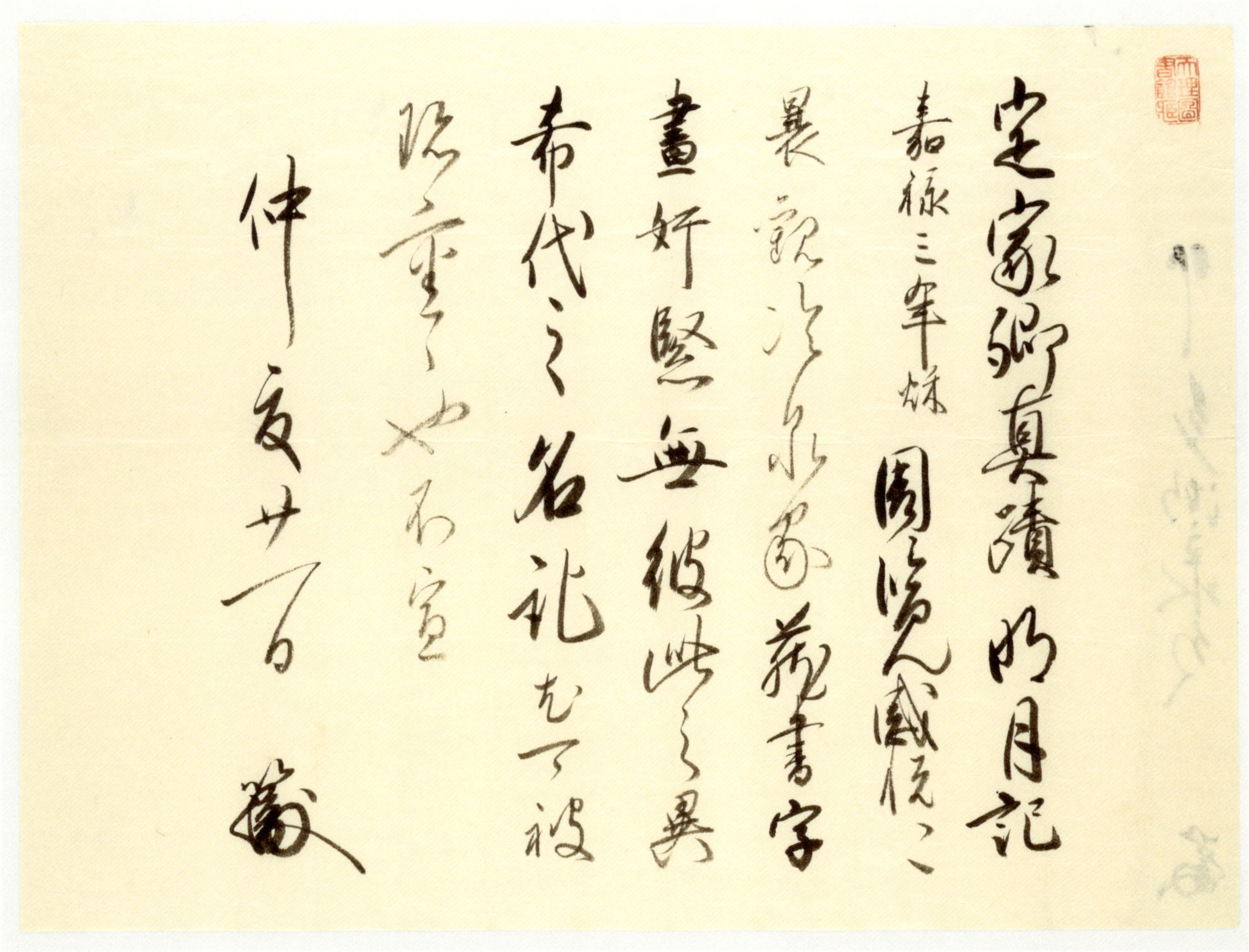

⑲花山院定誠嘉禄三年七月記添状　五月二十一日　多胡真武宛

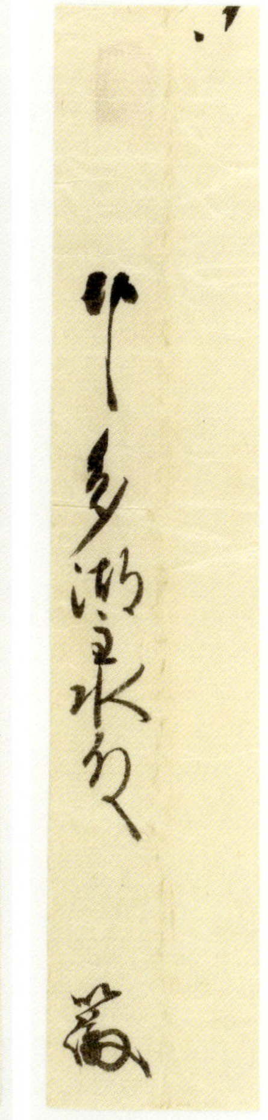

（端裏）

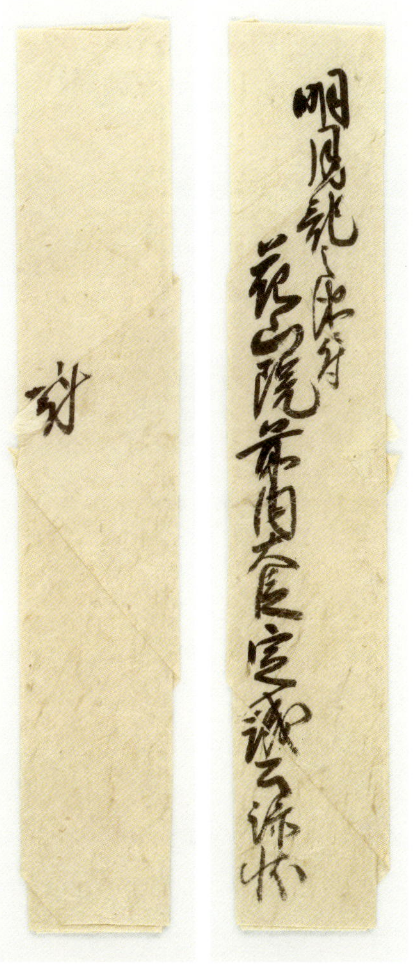

（裏）　（表）

⑱花山院定誠添状包紙

⑳庭田重条添状包紙

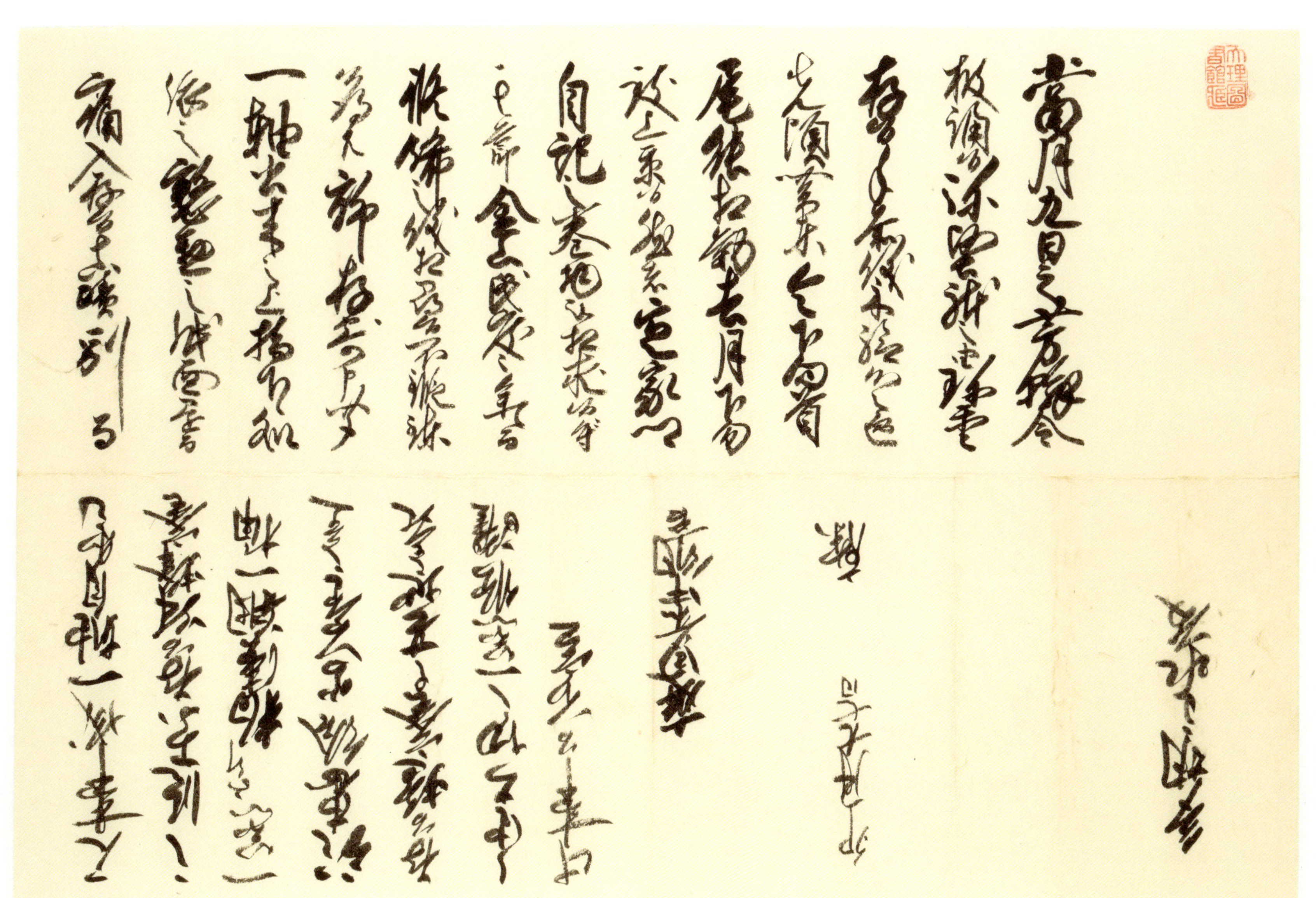

㉑庭田重条添状　四月二十七日　多胡真武宛

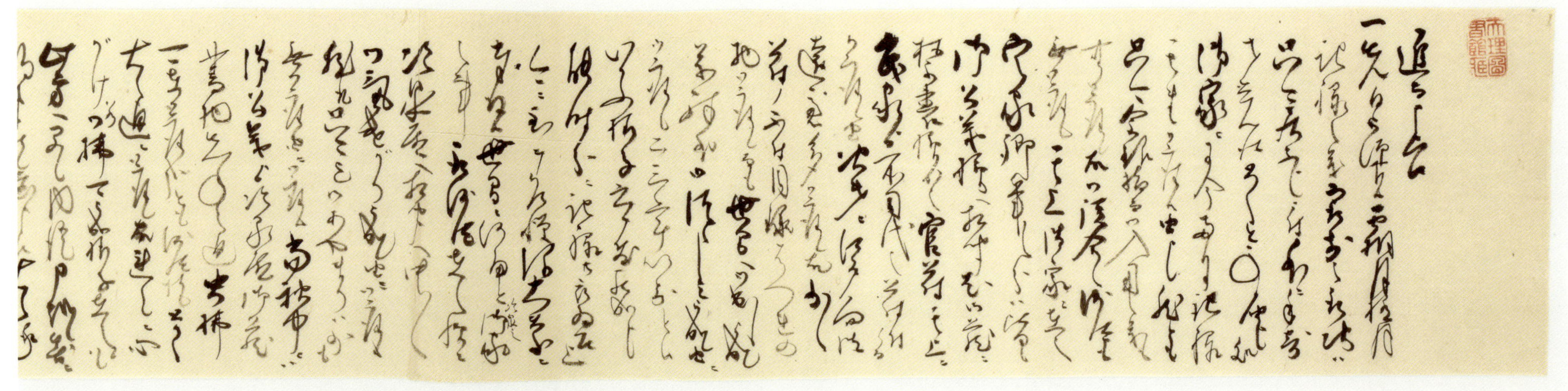

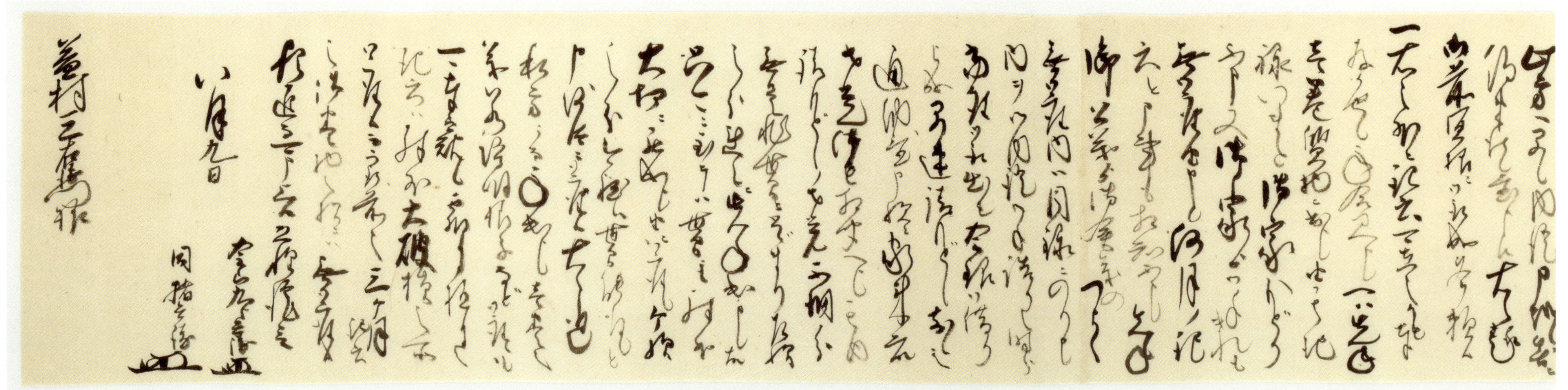

㉒金山九郎兵衛・同猪兵衛書状　八月九日　益村三右衛門宛

正治元年己未之年之記祿也　建久十年四月改元

八月

一日　天晴

參大臣殿旬事被奉仕陪膳々　勝光奉仕

今日左中弁以權大夫藏人大進等參入　庭中敷御座

皆令謁給兼燭之程退下

人云殷富門院今日又令發給云々　實全猶候

種々御祈自方々被始云々　兩度遺恨

二日　天晴

八条院御月忌

巳時許參八条院例御月忌也午終取布

施退出予兄弟少將有通清季隆範

等取之予兩度取之

今日長經朝臣示送云明後日吉日御經供養　姬宮

百日參籠給詣也　御布施取無參人長經

兼日申領狀之

又所勞瘡案有所思稱病歟仍奉行同兼帶

可行之者申策子由又以女房　宮内　申

此由等退出

有通少將語云内府勤仕○○○上卿○○○

姓等悉令供奉仍不待本府催可參向者

彼一門必大臣以後勤仕此上卿云々弁即權弁歟

三日　天晴

左大臣殿奉行等之事

㉓正治元年八月他記　訓点本

嘉禄三年
七月小
一日　戊寅　朝天晴
暑熱又難堪　夜景猶無涼氣
二日　朝天陰　辰後晴
宗清法印書状云　自山階寺差所司宗清下
權官不許申送状云　別當法印有訴申事
就其事可被遠流之由　衆徒訴申　次官不同
心筆清者可有後悔之由　觸送云々　正權別當
近年喧嘩之上　嗷々定増色欤
今夜又暑熱及せ時　乘車出一条大路　待
暁鐘歸入　星躔照耀　不異山微　月又無露
三日　天晴　未時許不陰而大雨　不及溜
暑熱如焦
法勝寺御八講始　遍方　本上卿宰相親卿任大納言之後
辞之云々　自今具前駈人不可行此寺

㉔嘉禄三年七月他記　訓点本

此明月記之年號考ニ　人王八十三代土御門院ノ御宇
正治元己未年ノ記録也建久十年四月廿七日ニ為（正治元ヨリ元禄六年マデ四百九十四年ニ及ブ）
正治元此比鎌倉ハ頼家将軍也頼朝ハ今年ノ正月
十三日薨ゼラル　定家卿今年ハ従四位ノ上安藝權ノ
介也
此記禄ノ内文字キヘ又ハヨメザル所ハ朱ノ丸印有之

八月
一日　天晴
參大臣殿ニ　參トハ定家卿ノ大臣殿ヘマイリ玉フト也
大臣殿ハ後京極良経公ナルヘシ大織冠鎌足ヨリ二
十世也九条家ノ祖攝政關白太政大臣兼實公ノ男也
正治元六月ニ左大臣建仁二年ニ攝政トナリ元久元年
ニ太政大臣トナリ玉フ建永元三月八日後鳥羽院攝
政良経ノ舘ヘ御幸アラントスル其前之夜人アリ
良経ノ寢所ヘ入テ天井ヨリ鎗ニテ良経ヲ突
殺ス年三十八何人ノ所為トモシラズ此攝政ハ
最和哥之名人ニテ其比ノ六哥仙ノ内也所謂俊成
定家　家隆慈鎮西行良経公トゾ詩文ノ達者能書
ニテ于今至リ後京極ヤウト云ハ是也新古今和歌集
ノ序モ良経公ノ述作也一条ノ中納言能保卿ノ聟ニ
テ右大将頼朝之姪聟也文治元年ノ比九郎判官
義経頼朝ト不和ニヨツテ院ヨリ追討ノ宣旨ヲ
下サル其時御詮義有テ良経ト義経ト同名不可
然トテ義経ヲ義行ト改ラル其後洛中洛外近
國方々ニタヅ子ラルレ𪜈義行ノ在所シレズ依之

㉕正治元年八月他記　注釈本

『明月記』解題

尾上陽介

はじめに

『明月記』は鎌倉時代を代表する歌人にして、数多くの典籍を書写し後世に伝えた古典学者でもある権中納言藤原定家（一一六二～一二四一）の日記である。呼称ははじめ、『定家卿記』が一般的であったが、南北朝時代から『明月記』と称されるようになり、二条家では『照光記』という異名で呼ばれた(1)。

定家は『新古今和歌集』『新勅撰和歌集』の選者となるなど当時の歌壇の重鎮として活躍し、また古典学者としても大きな足跡を残したが、その一方で朝廷に出仕する官人でもあり、同時代の他の貴族たちと同じく、政務故実を詳細に記録した日記を筆録し、子孫への伝承に努めた。現在に残る記事は本冊に収載した定家十九歳の治承四年（一一八〇）二月に始まり、出家後の嘉禎元年（一二三五）十二月、七十四歳に至るまでの五十六年間に及ぶものであるが、定家の嫡男為家の譲状(2)には「故中納言入道殿（定家）日記」について「自治承至于仁治」という注記があり、仁治二年（一二四一）八月に没する頃まで日記を書き続けていたことがうかがえる。

応保二年（一一六二）、藤原俊成と藤原親忠女（美福門院加賀）の間に定家は生まれた。同母兄成家のほか女院の女房として出仕した姉妹も多い(3)。俊成の家系は摂関期に絶大な権力を握った藤原道長の息男長家を祖とする名門で、長家が醍醐天皇皇子の左大臣兼明親王の邸第を居所としたことに因んで御子左家と称され、侍従から近衛少将・中将、参議を経て、中納言・大納言へと昇進する家格（いわゆる羽林家）であった。しかし、俊成は十歳で父権中納言俊忠を失ったため、義兄で鳥羽院近臣の藤原顕頼の養子となって諱も顕広と名乗り、諸国の受領などを転々とする官歴であった。定家が誕生した応保二年当時は正四位下左京大夫で、その後、本流に復して俊成と改名したのは、従三位になりようやく公卿となった翌年の仁安二年（一一六七）、五十四歳の時である。

当時の貴族社会においては、摂関家の祖藤原師輔の『九条殿遺戒』などに見えるよう、朝廷に出仕して見聞・体験した事柄を日記に記録し、子孫が大過なく公事を済ませるために備忘に供することが一般的に求められていた。そのため、御子左家が羽林家としての家格を回復するためには、地方官を転々とした俊成の経歴はあまり役に立たず、定家は新たに羽林家の昇進コースを経験しながら、自ら詳細な記録を残す必要があった。

定家の経歴を示すと、安元元年（一一七五）十四歳で侍従に任じられ、治承三年三月に念願の内昇殿を許されて殿上人となり、官人としての活動を本格的に始める。文治五年（一一八九）左少将、建仁二年（一二〇二）左中将となり、建暦元年（一二一一）には五十歳で従三位に叙され公卿の仲間入りを果たす。次いで建保二年（一二一四）参議、同六年からは民部卿を兼ね、貞応元年（一二二二）参議を辞すが、貞永元年（一二三二）に七十一歳で権中納言となり、ここに羽林家の家格は再興された。この間、後白河院・後鳥羽院、八条院・式子内親王らに仕え、また文治二年以降は九条家に出仕し続けた。天福元年（一二三三）七十二歳で出家し、仁治二年八月二十日、八十歳で没する。

確かに定家は文化人としての足跡が巨大であるが、『明月記』には勅撰和歌集の撰集や歌壇の動静、典籍の書写などの文学的事項のみならず、朝廷・院御所などで行われる朝儀、九条家周辺の状況、定家が見聞した京都周辺の事件などについて晩年に至るまで実に詳細に記録されており、官人として公事に対する熱意が強くうかがえる(4)。

定家の没後、『明月記』原本は為家庶子為相を祖とする冷泉家に伝来し、現在、冷泉家時雨亭文庫には五十八巻・一幅が国宝に指定され所蔵されている。[5]その一方、近世には定家の筆跡が茶掛けとして珍重されたこともあって原本の一部が巻間に流出し、紙背文書が相剝ぎされたり、切断されて断簡となったものも数多く存在する。[6]

天理大学附属天理図書館には『明月記』の定家自筆原本六巻が所蔵されており、本冊にはその全てを収載した。このうち治承四・五年記は現在残る『明月記』の最初の部分であるが、まさに平氏政権が没落しつつある時代であり、源平の争乱に関する「紅旗征戎非吾事」という記事がよく知られている。本書の刊行で原本の高精細の原色図版が新たに公開されることにより、墨色の違いなどから、定家がこの文字を記した状況について新たな知見を得ることが可能となろう。続く正治元年八月他記・九月他記、建仁元年正月他記の三巻は後鳥羽院政期の、最後の嘉禄三年七月他記、同八・九月他記は承久の乱後のものであり、奇しくも定家が生きた激動の時代をバランスよく覆っているといえよう。

なお、正治元年八月他記・九月他記、嘉禄三年七月他記の三巻は従来ほとんど所在が知られていなかった原本であり、ここで全体が公開される意義はまことに大きい。

以下、各巻それぞれについて〔書誌的事項〕〔概要及び各紙の所見〕を述べる。

1　治承四・五年記（重要文化財）

〔書誌的事項〕

巻子本一巻。改装後補紺色表紙（縦二八・八cm、横二〇・一cm）、見返し銀切箔散。楮紙、本文二十二紙継、別に軸付紙一紙。全長一〇m五三cm。

料紙の天地は二八・八至二九・一cm、紙幅は第一紙至第二十一紙四九・〇至四九・七cm、第二十二紙一三・三cm、継紙（軸付紙）三四・一cm（軸まで）である。第一紙から第二十一紙までは天二本・地一本の界線が引かれており、界高は料紙上端から天一本目までが二・〇至二・三cm、一本目と二本目との間隔が一・一至一・四cm、料紙下端から地界までが一・〇至一・三cmである。本文末尾の第二十二紙のみ天三本・地一本の界線で、天一本目・二本目の界高は第二十一紙までと同様であるが、二本目と三本目の間隔が一・二cm、料紙下端から地界までが一・八cmとなっている。

外題後筆朱書「治承四五年」、その下端に同じく朱書で「現一」と記す。本巻の紺色表紙や外題朱書は冷泉家時雨亭文庫所蔵の他の原本と同じ体裁であり、冷泉家十四代当主為久（一六八六～一七四二）が享保六年（一七二一）から翌年にかけて『明月記』原本を修補した[7]際に用意されたものである。時雨亭文庫所蔵の建久三年三・四月記表紙には「現二」とあり、この治承四・五年記はその前に位置するものであった。継紙には為久修補識語「右一巻紙数墨付廿二枚」がある。

紙継目に懸かって本文の文字が記されているが、第十三紙左端については文字の線が紙継目で切れており、いったん記事を記入した後に、何らかの切断があったと考えられる。

第一紙から第二十二紙までの継目紙背には時雨亭文庫所蔵原本と同様の継印（印文は「重政」とされる）が捺されている。別に本巻には第二十二紙と継紙の継目中央紙背に朱陽刻印「冷泉家印」（縦横四cm）があるが、この印は管見の限り『明月記』原本ではここにのみ見えるものである。

紙背には裏打が施されており、継印の箇所には穴を開けて紙背面をそのまま見せている。紙背文書の痕跡は全く確認できず、白紙に記事を清書したものと思われる。なお、第二十二紙紙背には「恐々謹言、／七月廿二日　丹波守知□（家）／謹上　冷泉中将殿」（／は改行、以下同）と判読できる文書の墨映がある。[8]

箱書「定家卿自筆明月記／治承四五年」、箱蓋裏に「田山方南敬題」とある。

本巻は第二次大戦前まで冷泉家に伝来したが、[9]その後に冷泉家から離れ、日本大学総長呉文炳の所蔵[10]を経て、昭和四十二年に天理図書館蔵書となった。

〔概要及び各紙の所見〕

定家十九歳の治承四年二月五日（前欠）より翌五年十二月十九日までの記事を収める。現状の巻頭部分は日付を欠くが、釈奠の記事が見え、その式日（上丁）から五日条と判断される。定家は治承三年三月に昇殿を許され内裏に出仕するようになっており、治承四年正月、あるいは前年の内から日記を書いていた可能性も十分にある。

治承五年記冒頭の「治承五年具注暦日　辛丑歳」という記述や筆跡から判断して、具注暦に記していた原日記を後年に清書したものと考えられ、想定される清書時期について、辻彦三郎氏は主に本文にうかがえる定家の心情から六十九歳の寛喜二年（一二三〇）前後、山本信吉氏は主に筆跡から七十歳前後としている。[11]私見ではもう少し早く、原本の形態や若年時の故実の継承という観点から、建保年間（一二一三〜一九）頃までに清書された可能性を考えている。[12]清書本であるにもかかわらず、特に治承四年四月から八月までの部分には記事を行間に補書した箇所が多いが、その内容は全て定家が直接体験したわけでもない世上の出来事を伝聞によって追記しており、[13]自分の日記をより充実した内容の記録にしようとする定家の心情がうかがえる。

この原本を底本とする翻刻は、辻彦三郎校訂『史料纂集　明月記一』（続群書類従完成会、一九七一年）、冷泉家時雨亭文庫編『冷泉家時雨亭叢書別巻二　翻刻明月記一』（朝日新聞社、二〇一二年）に収載される。また、明月記研究会編「『明月記』（治承四年）を読む」（『明月記研究』四、一九九九年）・同「『明月記』（治承四五年）を読む」（『明月記研究』五、二〇〇〇年）には本文と訓読・大意・注解を載せる。

第四紙、治承四年四月十二日条一行目「院」は「宮」に上書。二十二日条五行目「光範」下の割書「官」は「功」に上書、六行目「長」は「良」に上書、九行目「従」は「五」に上書。

第五紙、四月二十九日条二行目傍書の抹消文字は「兩聲之後」。

第七紙、五月二十九日条三行目首書「參院勤仁王會堂童子事」の「堂」右傍の抹消文字は「勤」。三十日条六行目「歸」は「參」に上書。

第八紙、六月八日条二行目「殿」は「之」に上書。十二日条二行目首書の抹消文字は「國」、五行目「面」は「方」に上書。十四日条二行目「言殿」は「言」に、「洛」は「云々」にそれぞれ上書、行末の「云々」は補書。

第九紙、七月二日条五行目「成」は「宰」に上書。

第十一紙、九月条八・九行目抹消文字は「廿四日法勝寺千僧御讀經新院御祈」「九月」。

第十二紙、十一月二十五日条二行目「云々」は「之」に上書。

第十三紙、十二月十二日条三行目抹消文字は「京」「兵」。十五日条二行目「并」は「今日」に上書。

第十四紙、十二月二十四日条三行目「知」は同字重ね書き。

第十五紙、治承五年正月十四日条十二行目「際」は「後」に上書。

第十六紙、正月二十日条六行目割書「巻」は「垂」に上書。

第十九紙、閏二月十五日三行目抹消文字は「明日初參院謁八条院（御八条殿）」。四月十六日条二行目「典」

は「朝臣」に上書。
第二十一紙、九月二十七日条二行目「院」は「給」に上書。十二月十三日条四行目首書「供奉」は「事」に上書。

2　正治元年八月他記

〔書誌的事項〕

巻子本一巻。改装後補縁取割小菱地に向い獅子織文表紙（縦三一・六cm、横二八・九cm）、見返しは波文様・草花・遠山霞を金銀泥・砂子・揉箔・銀野毛等で描く。楮紙、本文八紙継、別に巻頭遊紙一紙・軸付紙一紙。全長四m七七cm。

裏打紙は金銀揉箔散。天地三一・六cmで成巻されている。料紙の天地は三〇・五至三〇・七cm、紙幅は巻頭遊紙四七・二cm、第一紙三三・二cm、第二紙五二・五cm、第三紙二五・六cm、第四紙三九・一cm、第五紙五四・五cm、第六紙四九・一cm、第七紙四六・七cm、第八紙五二・七紙、軸付紙四七・三cmである。

題簽打曇紙「明月記」（縦一六・四cm、横三・五cm）、箱蓋裏貼紙「明月記外題菊亭大納言伊季卿御筆」[14]。

第二紙より第八紙まですべてに紙背文書の痕跡が見えるが、文書は剝離されて裏打が施されている。

この正治元年八月他記と後掲の同年九月他記・嘉禄三年七月他記の三巻は、元禄年間から津和野藩主亀井家に伝来した[15]。三巻それぞれを収める木箱の金泥箱書「明月記」の文字は附属文書④の「大納言通誠卿御筆」（一三〇頁図版参照）と注記された題簽と同じもので、久我通誠（一六六〇〜一七一九）の揮毫にかかる。この正治元年八月他記と次の九月他記を亀井家が入手した時期は不明であるが、附属文書⑬⑭（一三四頁図版参照）の冷泉中将為綱（一六六四〜一七二二）添状の記述から、その段階から収載記事の範囲や紙数は変わっていないことが確認できる。

珍しいことに、本文に訓点や振り仮名を施した訓点本（一三九・一四〇頁図版参照）と注釈本（一四一頁図版参照）が各巻それぞれに用意されており[16]、江戸時代における古記録の訓法や知識を知ることができる大変興味深い史料である。

注釈本の奥書は全て元禄六年（一六九三）のものであり、また冷泉為綱が左中将であった同年十二月二十五日までに⑬⑭が作成されていることから、後述の通り元禄四年十二月頃にまず嘉禄三年七月記を入手した後、同六年頃までに正治元年記二巻も揃えたことが想定される。その後、昭和四十一年五月の三都古典連合会『展観入札目録』に掲載され[17]、翌四十二年に一括して天理図書館蔵書となったが、これまであまり展示・公開される機会がなかったものである[18]。

〔概要及び各紙の所見〕

正治元年八月一日より二十九日までの記事を収めるが、第三紙の五日・六日条は建久七年四月の断簡である[19]。

この原本を底本とする翻刻は、『冷泉家時雨亭叢書別巻二　翻刻明月記一』（前掲）に収載されている。

第一紙、下端部に料紙を継ぎ足した痕跡があり、現状に成巻される以前には第二紙と比べて縦寸法が小さかったか、下部に破損があった可能性がある。八月一日条三行目「入」は同字重ね書き。

第二紙、八月三日条二行目割書末尾は文字が薄れているが、「…前駈等參」と判読できる。四日条三行目「參」は「事」に上書、十二行目割書「無官」は「散位也」に上書、十五行目「色」は「絹」に上書。

第三紙、右端及び下端部に修補の痕跡あり。建久七年四月六日条四行目「參内」の下にも約五字分の破損の痕跡あり、五行目抹消文字は「裝束」。

第四紙、正治元年八月八日条四行目「内文」は同字重ね書き、五行目抹消文字は「參」、十行目「御退出」の「御」は「卽」に上書。九日条二行目「事」は「氣」に上書。料紙左端中央に紙背文書の切封墨引が見える。

第五紙、下端部に修補の痕跡あり。八月九日条首書抹消文字は「間軽服沙汰ず事」。十日条五行目抹消文字は「騎用」。十二日条三行目「宿所之」の「之」は「云々」に上書。十三日条三行目中央に紙背文書の切封墨引が見える。

第六紙、八月十四日条下端部に修補の痕跡あり、四行目「此病氣」の「此」は「御」に上書、抹消文字は「御」、「大」は「以」に上書。十七日条二行目上端部に約三字分の破損の痕跡あり、続く抹消文字は「使昨日於粟田口落馬云々」。

第七紙、八月二十二日条二行目「巳」の右傍に「巳時許」の三字を行頭の挿入符号の箇所に移す符号あり、五行目「可悲」は「被悲」に上書。二十三日条一行目「降」は「止」に上書。

第八紙、八月二十七日条一行目「酉」は「申」に上書。二十九日条一行目「通」は「終」に上書。

3　正治元年九月他記

〔書誌的事項〕

巻子本一巻。改装後補縁取割小菱地に向い獅子織文表紙（縦三二・五cm、横二八・二cm）、見返しは波文様・菊花・遠山霞を金銀泥・砂子・揉箔等で描く。楮紙、本文十二紙継、別に巻頭遊紙一紙・軸付紙一紙。全長六m六七cm。

裏打紙は金銀揉箔散。天地三一・六cmで成巻されている。料紙の天地は三〇・四至三〇・五cm、紙幅は巻頭遊紙四七・八cm、第一紙五七・六cm、第二紙五一・五cm、第三紙至第五紙四九・二至四九・三cm、第六紙四七・八cm、第七紙五六・九cm、第八紙五六・八cm、第九紙三五・八cm、第十紙四五・三cm、第十一紙一九・七cm、第十二紙二六・九cm、軸付紙四四・六cmである。

題簽打曇紙「明月記」（縦一六・四cm、横三・五cm）、箱蓋裏貼紙「明月記外題菊亭大納言伊季卿御筆」[20]。

第一紙より第十二紙まですべてに紙背文書の痕跡が見えるが、文書は剝離されて裏打が施されている。

〔概要及び各紙の所見〕

正治元年九月一日より二十九日までの記事を収めるが、第十二紙の二十九日条は建仁二年十月の断簡である。

八月他記と同じく、この原本を底本とする翻刻は、『冷泉家時雨亭叢書別巻二　翻刻明月記一』（前掲）に収載されている。

第一紙、九月二日条一行目「快」は「晴」に上書。
第二紙、九月八日条一行目傍書抹消文字は「陰後」。九日条二行目「甚」は「雨」に上書。
第三紙、九月十二日条十五行目「依成」は「一切依」に上書、十八行目「抑」は「云々」に上書、抹消文字は「有」。
第四紙、九月十四日条六行目割書抹消文字は「暫祇候院」「而」。十五日条一行目「陽」は「天」に上書、六行目「入」は「次」に上書。十六日条三行目抹消文字は「相待」。
第五紙、九月十六日条二十一行目「問」は「中」に上書。十七日条十二行目抹消文字は「名」。
第七紙、九月二十一日条二行目行末に約二字分破損あり。二十二日条四行目「午時許参上」の右、行間に記された首書は行頭に破損あり、同じく四行目割書右行末に約四字分、左行末に一字分の破損あり。
第八紙、九月二十三日条十一行目割書行末に約二字分破損あり、十九行目下部余白に修補の痕跡あり。二十四日条十二行目割書抹消文字は「前少将宗長給」。
第九紙、下端及び左端部に修補の痕跡あり、九月二十五日条五行目抹消文字は「阿闍梨」。
第十紙、下端部に修補の痕跡あり。九月二十六日条六行目割書「召出」は「取之」に、十行目「此御」は「御車」に上書。料紙左端に第十一紙右端行の文字「他」「後」「端」の点画の一部が残っているが、現状の紙継目は上から約四分の一の高さから徐々に広がって間隔が空いている。元来、料紙をやや斜めに接続して継目にかけて文字を書いたものか。
第十一紙、下端部に修補の痕跡あり。
第十二紙、左端部に修補の痕跡あり。

4　建仁二年正月他記

〔書誌的事項〕

巻子本一巻。金銀砂子地亀甲型模様表紙（縦三二・六cm、横二〇・五cm）、見返し金銀切箔散。楮紙、本文七紙継、別に軸付紙一紙。全長四m二〇cm。
料紙の天地は第一紙三〇・八cm、第二紙三〇・〇cm、第三紙二九・八cm、第四紙二九・七cm、第五紙三〇・三cm、第六紙三〇・二cm、第七紙二九・六cm、紙幅は第一紙五一・五cm、第二紙五一・二cm、第三紙五〇・四cm、第四紙五二・二cm、第五紙四八・四cm、第六紙五三・二cm、第七紙五〇・三cm、軸付紙三七・二cm（軸まで）である。折目痕跡が各紙にあり、それぞれ右端からの距離で位置を示すと、第一紙が四・四cmと五〇・六cm、第二紙が二一・六cm、第三紙が三・三cm、第四紙が八・一cm、第五紙が二六・三cm、第六紙が四八・九cm、第七紙が二八・八cmである。
外題はないが、表紙上部に「三／定家卿筆／壱巻」と記した紙片が貼付されている。
第一紙より第七紙まですべてに紙背文書の痕跡が見えるが、文書は剝離されて裏打が施されている。
後述のように、江戸時代に冷泉家から巻間に流出していた原本断簡七点を集めて巻子本としたものである。軸付紙には古書肆弘文荘の「月明荘」印があり、一九五四年六月発行の『弘文荘待賈古書目』二十四号に四十八番「明月記残巻」として掲載され、「古く桂宮（八条宮）智仁親王家に蔵せられて、近時坊間に出でたもの」と説明されている。昭和三十年に天理図書館蔵書となった。

〔概要及び各紙の所見〕

本巻は建仁元年・同二年、正治二年、建暦二年の断簡を貼り継いだものである。

この原本を底本とする翻刻は、尾上陽介「天理図書館所蔵『明月記』断簡巻について」（『明月記研究』六、二〇〇一年）、『冷泉家時雨亭叢書別巻二　翻刻明月記一』（前掲）及び冷泉家時雨亭文庫編『冷泉家時雨亭叢書別巻三　翻刻明月記二』（朝日新聞社、二〇一四年）に収載されている。以下、各断簡の年月日比定の論拠については前掲尾上論文を参照されたい。

第一紙、建仁二年正月十一日より十三日（後欠）。

第二紙、正治二年十一月十四日より十五日（後欠）。十四日条六行目抹消文字は「及」、八行目左首書行頭の抹消文字は「可」。十五日条十行目抹消文字は「忽」、十三行目「許」は「諾」に上書。

第三紙、建仁元年二月二十日（前欠）より二十四日（後欠）。二十一日条四行目「世間」は「違」に上書。二十三日条五行目割書抹消文字は「不具」。

第四紙、建仁元年六月二十四日（前欠）より二十六日（後欠）。この断簡は冷泉家時雨亭文庫所蔵原本第五十四（端物集）第二紙[21]に接続し、両断簡を併せることで右端の首書（二十四日条一行目）を「小松谷御堂供養事」と判読できる。二十六日条十行目「聊不觸耳」は「一切不聞者」に上書、十四行目首書「閑院」は「事」に上書、十六行目割書抹消文字は「自宜陽殿」「壇上」。

第五紙、正治二年十月三日（前欠）より五日。五日条十四行目抹消文字は「可」、十九行目抹消文字は「之」。

第六紙、建暦二年七月三日（前欠）より五日（後欠）。三日条二行目割書「級」は「段」に上書、十九行目「卿」は「朝臣」に上書。

第七紙、正治二年閏二月十四日より十八日（後欠）。十六日条二行目抹消文字は「姉小路」、八・九行目抹消文字は「仍被引件物云々浄行僧猶以被進布施世間新儀況誰人遁之乎摩訶追従耳」。十七日条三行目「廿五」は「廿」に上書。

5　嘉禄三年七月他記

〔書誌的事項〕

巻子本一巻。改装後補縁取割小菱地に向い獅子織文表紙（縦三一・六cm、横二八・七cm）、見返しは波文様・遠山霞・雲間に鳳凰を金銀泥・砂子・揉箔・切箔・野毛散らしで描く。楮紙、本文十二紙継、別に巻頭遊紙一紙・巻尾遊紙一紙・軸付紙一紙。全長六m七四cm。

裏打紙は金切箔・揉箔散。天地三一・六cmで成巻されている。料紙の天地は二八・六至二八・八cm、紙幅は巻頭遊紙四五・四cm、第一紙五二・五cm、第二紙五三・四cm、第三紙五一・五cm、第四紙四六・七cm、第五紙四九・五cm、第六紙・第七紙四八・八cm、第八紙八・二cm、第九紙四五・八cm、第十紙三八・一cm、第十一紙四一・七cm、第十二紙四二・〇cm、巻尾遊紙四三・一cm、軸付紙二九・八cmである。第八紙・第十二紙以外には折目痕跡があり、第六紙までには傷みの少ない谷折目も視認できる。それぞれ右端からの距離で位置を示すと、第一紙は二一・五cmに谷折目、四四・二cmに山折目、第二紙は一四・五cmに谷折目、三七・四cmに山折目、第三紙は七・三cmに谷折目、三〇・四cmに山折目、第四紙は一・九cmに谷折目、二四・八cmに山折目、第五紙は一・〇cmと四六・五cmに谷折目、二三・九cmに山折目、第六紙は二〇・〇cmに山折目、四二・九cmに谷折目、第七紙は一七・〇cmに山折目、谷折目は確認できない。第九紙は四四・五cm、第十紙は三七・二cm、第十一紙は四〇・九cmである。折目の間隔を見ると、第八紙までの部分はおよそ二二・九cm間隔で山折・谷折という状態になっていたことが判明する。

巻頭遊紙から軸付紙に至るまで全体にわたって天二本・地一本の界線が引かれており（遊紙・軸付紙の界線は後人によるもの）、界高は料紙上端から天一本目までが一・七至二・〇cm、一本目と二本目との間隔が〇・九至一・一cm、料紙下端から地界までが〇・八至一・〇cmである。

題簽打曇紙「明月記」（縦一六・四cm、横三・五cm）、箱蓋裏貼紙「明月記外題菊亭大納言伊季卿御筆」[22]。

前述の通り、この嘉禄三年七月他記は正治元年八月他記・同九月他記とともに三巻一組で、江戸時代の元禄年間以来、津和野藩主亀井家に伝来したものである。

なお、第八紙までの嘉禄三年七月記部分については、附属文書⑩⑪⑯（一三一・一三三・一三五頁図版参照）から、元禄四年（一六九一）十二月頃に京都在住の津和野藩亀井家御用達金山猪兵衛を介して三十五両で買得したことが判明する。これは亀井家に伝来した原本の中でも最初に入手した巻と思われ、その際のやり取りを詳しく伝える附属文書⑪には、『明月記』についての初歩的な説明が見える。また、買得を勧めるために、この原本は文字が「大ぶり」で日付が朔日から連続し紙数も多いことや、冷泉家から定家筆のものが流出していることが「公儀」で問題となっており今後はこのような上物は巷間に出てこないであろうことを述べ、以前にこれと比べて姿の悪い紙数十二三枚の原本が八十両で阿部豊後守（正武）に買われたが、これは五十両を三十五両に値切ったことも書き添えている。また、附属文書⑮⑰（一三五頁図版参照）から判断すると、冷泉為綱が左中将であった元禄五年または翌六年の七月頃に、寛喜二年九月記も入手したと思われる。

第一紙より第十二紙まですべてに紙背文書の痕跡が見えるが、文書は剥離されて裏打が施されている。嘉禄三年七月記については、附属文書⑩に見える紙数や本文の行数などは現状と変わっていないが、⑪によれば元の所有者の意向で紙背文書を相剥ぎしたようで、附属文書参考1からその内容[23]がうかがえる。

〔概要及び各紙の所見〕

第八紙までは嘉禄三年七月記（二十二日後欠まで）であるが、第九紙以降は寛喜二年九月記（二十三日より三十日後欠まで）であり、料紙の色味も異なり天二本の界線が太い。同じく第八紙までと第九紙以降では裏打の金切箔・揉箔散模様が微妙に異なっており、修補・成巻された際には別々であったものが、見かけ上の日付が連続することもあって、一巻に継がれたものと思われる。

なお、早稲田大学図書館所蔵『明月記』模本[24]（以下、早大模本とする）は十巻からなり、江戸時代前期に『明月記』原本の一部を模写したものと思われるが、その中に亀井家伝来の三巻分全てが含まれており、正治元年八月他記・同九月他記については、建久七年四月断簡や建仁二年十月断簡の混入の状況など現状原本と同じである。しかし、嘉禄三年七月他記は早大模本では二巻に分かれており、嘉禄三年七月記の部分は原本と同じく冒頭の一日から二十二日後欠まで、寛喜二年九月記の部分は十三日から三十日後欠までとなっている。このことから、早大模本が作成された段階では、寛喜二年九月記には十三日から二十二日までの原本も存在し、連続していたことが判明する。おそらく、嘉禄三年七月二十二日までの原本につなげて一箇月分の日付を通すため、この十三日から二十二日までの部分を切断して別にし、二十三日以降の部分を接続したものであろう。

冷泉家時雨亭文庫には「嘉禄三年秋」と記載された原本表紙が残されており[25]、本来は嘉禄三年七月から九月までで一巻であった。その後、天和二年（一六八二）に霊元天皇の命で冷泉家所蔵原本の書写が行われた[26]。この天和書写の嘉禄三年七月記写本そのものは存在が確認できないが、その転写本系統と考えられる東京大学附属図書館所蔵野宮本[27]では現状原本と同じく七月二十二日条途中の「不審」までとなっており、天和書写以前に原本がここで分離していたことがうかがえる。寛喜二年九月二十三日条以降と接続されたのは、附属文書⑰から元禄五年七月以降で、現状通りの注釈本の奥書にある元禄六年五月までのことと思われる。

第一紙、冒頭二行目「七月」の下に「小」字を摺り消した痕跡がある。この文字は早大模本や附属文書⑩には存在しているが、おそらく寛喜二年九月記と接続した際、三十日条まであることと齟齬することになるために削ったものであろう。嘉禄三年七月五日条二行目割書の行末は「任右兵衛尉歟云々」で、「云々」は「歟」の下と「尉」の左の二箇所に記しているが、行底の方は読みやすいように改めて書いたものか。

第二紙、七月六日条七行目「由」は「間」に上書。

第三紙、料紙最終行「遁世身」は紙背文書の切封墨引に上書。

第九紙以下は寛喜二年九月記であるが、本来の料紙の寸法が嘉禄三年七月記よりも約一cm小さい[28]ため、両者を接続させる際に元来の地一本の界線を抹消するとともに足し紙を施し、新たに嘉禄三年七月記に揃えた位置に界線を引き直している。また、全体的に欠損の箇所が多いが、慶長十九年（一六一四）に徳川家康の命により冷泉家所蔵の原本を書写した国立公文書館所蔵紅葉山文庫六四冊本[29]（以下、慶長写本とする）は空白とし、前述の天和二年書写本系統と考えられる野宮本寛喜二年九月記及び同系統の東京大学史料編纂所所蔵徳大寺家本抄本第七冊[30]は欠損の形をそのまま写しており、修補以前には傷みが目立つ状態であったことが知られる。一方、国立歴史民俗博物館所蔵高松宮家伝来禁裏本『明月記』[31]（以下、高松宮本とする）は貞享二年（一六八五）に二条良基（一三二〇〜八八）編『日次記』を書写した本の一部とされる[32]が、そこでは欠損の箇所にも文字があり、寛喜二年九月記原本の傷みは良基による『日次記』編纂以降、慶長書写以前に起こったものと判明する。

第九紙、九月二十三日条一行目「辛亥」は、嘉禄三年七月二十三日ならば「庚子」とあるべきところ。以下すべて干支は寛喜二年九月のもの。七行目割書「先々」の下に欠損があるが、高松宮本・慶長写本等「凶」とする。十三行目「間有長朝臣又来」は欠損の箇所に後掲九月二十七日条の一部を移したもの。高松宮本「亮大進親氏」とする。二十四日条一行目割書「月節」の上の空白は文字を削っている。他本ではここに「十」の文字があるが、嘉禄三年七月記と接続した際、七月二十四日条として不自然のないよう削除したのであろう。

第十紙、九月二十七日条三行目「書送」の次の欠損は高松宮本「度衆」。十行目（「夜前…又円明」）は上欄補書に数文字の欠損があるのみのようであるが、修補以前の原本の形態を残す野宮本・徳大寺家本では、この原本の現状十行目と十一行目の間、「明日相門又円明」と「臨相替被出」の間に二行あり、その行頭に大きく欠損がある。そのうち二行目は半ばまでの欠損の次に「　退出之次之間有長朝臣又来」（傍線筆者）とあって、現状の原本ではこの傍線部分が前掲二十三日条に貼り込まれている。高松宮本・慶長写本を参照すると、現状十行目「明日相門又円明」に続く本文は「寺紅葉之盛云々大将宰相尊実々持中将等供奉云々未時興心房被来談参殿下退出之次之間有長朝臣又来」[33]で、現状十一行目の「臨相替被出」につながる[34]。以上から、現状に修補した際、十行目と十一行目の間で傷みのひどい二行分を切り詰めていることがわかる。いわゆる喰い裂きにより料紙の繊維を絡み合わせてつないでいるため、原本を観察しても継目が判然としない。二十八日条三行目、高松宮本など諸本では、この次に「病中不能分別之由答之」「櫻梨櫨梅等紅葉浅深満望漸欲落」の二行があり、ここでも二行分切除してつないでいることが判明する。[35]

第十一紙、三十日条一行目、慶長写本・野宮本・徳大寺家本ともこの次に破損の痕跡があり、やはり二行分を切り詰めている。高松宮本等によれば、切除された二行は「申時許宰相来自右大臣殿退出殿下見参権弁為経」「自去比有南都之訴於勅使坊魚鳥」[36]で、現状二行目の「料理」に続く。二行目、行末の欠損は高松宮本「不可下向云々」。

第十二紙、三十日条二十一行目「等」の次の欠損は高松宮本「紅葉」。二十二行目「実持」の次の欠損は同「中将尊」。二十三行目（末行）「供奉」の下の欠損は同「春天遠晴秋景空盡倩思病身重悲再會之難」。

6　嘉禄三年八・九月他記（重要文化財[37]）

〔書誌的事項〕

巻子本一巻。改装後補茶色表紙（縦二八・九cm、横三二・八cm）、原装金襴茶色表紙（縦二八・七cm、横三四・五cm）、原見返し金銀切箔横雲模様。楮紙、本文十五紙継、別に継紙（原軸付紙）一紙（糊跡より左は軸巻部分、さらにその左は裏打紙部分）・軸付紙一紙。全長七m四二cm。改装後補表紙見返しに原表紙の紐を貼付した付箋[38]がある。

料紙の天地は二八・七cm、紙幅は第一紙四九・八cm、第二紙四八・四cm、第三紙・第四紙四九・八cm、第五紙五〇・〇cm、第六紙五一・二cm、第七紙五一・四cm、第八紙四五・五cm、第九紙四七・七cm、第十紙四九・〇cm、第十一紙五〇・一cm、第十二紙四九・九cm、第十三紙四六・九cm、第十四紙四九・七cm、第十五紙四八・四cm。継紙三七・五cm（ほかに裏打紙部分七・〇cm）、軸付紙一二・〇cm（軸まで）である。折目痕跡が各紙にあり、それぞれ右端からの距離で位置を示すと、第一紙が三三・〇cm、第二紙が二八・九cm、第三紙が二六・三cm、第四紙が二二・六cm、第五紙が一八・五cm、第六紙が一四・〇cm、第七紙が八・六cm、第八紙が三・〇cmと四五・〇cm、第九紙が四五・七cm、第十紙が四三・七cm、第十一紙が四〇・三cm、第十二紙が三六・一cm、第十三紙が三一・四cm、第十四紙が二七・〇cm、第十五紙が三五・七cmである。第八紙・第十三紙は料紙が約二行分切断されているが、およそ二七・九cmごとに折目が付いている。

本文料紙には天二本・地一本の界線が引かれており、界高は料紙上端から天一本目までが一・九至二・一cm、一本目と二本目との間隔が〇・九至一・〇cm、料紙下端から地界までが〇・七至一・〇cmである。

第一紙より第十五紙まですべてに紙背文書の痕跡が見えるが、裏打が施されている。

二重箱。外箱箱書「定家卿記録 八月九月 一巻」、箱蓋裏「明治廿四年二月　稽詢斎愛蔵」。中箱箱蓋裏貼付古筆了珉極札「京極黄門定家卿 八月大一日未 記録巻物／奥書冷泉殿爲綱朝臣（「琴山」印）」[40]（縦一九・九cm、横二・五cm）。

継紙に冷泉為綱による識語「右記一巻従八月一日到九月廿九日京極黄門之／真蹟無疑、依所望加筆早、／元禄二年正月　日／羽林藤原為綱」があり、元禄二年（一六八九）以前に冷泉家から流出していた。箱蓋裏書や箱内所在書付から、明治以降には旧平戸藩主松浦詮（号稽詢斎）、京都美術倶楽部社長土橋嘉兵衛が所蔵[39]していたことが判明する。『松浦伯爵家並某家蔵器展観入札目録』（東京美術倶楽部、昭和九年十一月五日入札）五十三番にこの原本の写真が掲載されていることから、昭和九年末頃に松浦家から離れたと考えられ、土橋の所蔵を経て、昭和三十二年に天理図書館蔵書となった。

〔概要及び各紙の所見〕

第十四紙までは嘉禄三年八月・九月記（二十八日後欠まで）であるが、最後の第十五紙は同七月記（二十八日前欠より）であり、他と比べて色味も異なり界線も薄い。

第二紙、料紙左端の一字下がっている行は補書で、本文は前行末「中将入道」から直接第三紙一行目の「実時」につながる。

第六紙、料紙中央「九月」下に国立公文書館所蔵紅葉山文庫十九冊本(41)では「大」の文字あり。本来、嘉禄三年九月は大の月であったが、末尾に小の月である同年七月記を継いだため、「大」字を削ったのであろう。一日条一行目「己丑」は「丁丑」とあるべきところ。定家の誤認か。

第八紙、料紙左端二行分が切除されており、紅葉山文庫十九冊本では「或人消息云故源亜相葬送子息三人幷家人蔵人五位等色々布衣如折花騎馬在車後」が入る。

第九紙、九日条三行目「示」は同字重ね書き。

第十二紙、二十四日条五行目行末「被行」の下に「云々」あり。

第十三紙、料紙左端二行分が欠損しており、紅葉山文庫十九冊本では傷みのある前行から「御座之間推参之次御言談御弟子大貳兄弟僧野宮木柴諸国闕如云々忽勤仕之叙直法眼法師勤野宮事有其例歟由申之不知例之有無云々」とある。

第十四紙、二十八日条三行目行末割書は「依無長押也」。

【注】

(1) 辻彦三郎『藤原定家明月記の研究』（吉川弘文館、一九七七年）。『明月記』という名称は、定家著の歌学書とされる『毎月抄』に見える住吉明神から神託を受けた話に由来して広く認識されており、本冊所収の附属文書⑦もこれに関係するものである。

(2) 文永十年七月二十四日阿仏尼宛融覚（藤原為家）譲状（冷泉為人氏所蔵文書）。冷泉家時雨亭文庫編『冷泉家時雨亭叢書　冷泉家古文書』（朝日新聞社、一九九三年）所収。

(3) 以下、定家の詳細な年譜や系図等については、明月記研究会編『明月記研究提要』（八木書店、二〇〇六年）参照。

(4) 定家は日記に儀式の詳細を記録するほかにも、儀式次第や他者の日記（源師時の『長秋記』や平信範の『兵範記』など）を書写しており、冷泉家時雨亭文庫編『冷泉家時雨亭叢書　朝儀諸次第』一～四（朝日新聞社、一九九七～二〇〇四年）、同『冷泉家時雨亭叢書　古記録集』（朝日新聞社、一九九九年）、天理大学附属天理図書館編『新天理図書館善本叢書　定家筆古記録』（天理大学出版部、二〇一五年）等に影印が収載されている。平林盛得「冷泉家旧蔵『長秋記』『平兵部記』の史料的価値について」（宮内庁三の丸尚蔵館編『古記録にみる王朝儀礼』所収、菊葉文化協会、一九九四年）、五味文彦『明月記の史料学』（青史出版、二〇〇〇年）、石田実洋「藤原定家の次第書書写」（『明月記研究』六、二〇〇一年）参照。

(5) 冷泉家時雨亭文庫編『冷泉家時雨亭叢書　明月記』一～五（朝日新聞社、一九九三～二〇〇三年）所収。

(6) 前掲注3『明月記研究提要』、尾上陽介「（増訂）『明月記』原本及び原本断簡一覧」（東京大学史料編纂所研究成果報告二〇一二／七『断簡・逸文・紙背文書の蒐集による「明月記」原本の復元的研究』所収、二〇一三年）参照。

(7) 藤本孝一『日本の美術四五四　『明月記』巻子本の姿』（至文堂、二〇〇四年）。

(8) 以上の継印や朱印、墨映については三二頁参考図版参照。

(9) 昭和十五年十月に冷泉家で行われた展覧会の『藤原定家卿七百年祭記念遺墨展観目録』(東京大学史料編纂所所蔵、請求番号一〇八二/一〇三)に「冷泉伯家襲蔵」の『明月記』「治承四・五年記巻子本一巻」として掲載されている。

(10) 東京大学史料編纂所所蔵の『明月記』治承四・五年記写真帳(請求番号六一七三/二五三)は、昭和三十一年十一月八日に酒井宇吉(神田一誠堂書店主)所蔵本を撮影したものであり、これ以降に一誠堂を通して呉文炳が入手したものと思われる。なお、反町茂雄「一古書肆の思い出」三(平凡社、一九八八年)二〇六頁以下には、戦後の混乱期に冷泉家から古典籍が流出したことがみえる。

(11) 辻彦三郎『藤原定家明月記の研究』(前掲注1)、山本信吉「藤原定家の筆跡について―『明月記』自筆本を中心に―」(『國華』一二三九、一九九九年)。

(12) 尾上陽介「天理図書館所蔵『明月記』治承四五年記について」(『明月記研究』四、一九九九年)、同「『明月記』原本の構成と藤原定家の日記筆録意識」(『明月記研究』五、二〇〇〇年)。

(13) たとえば治承四年四月十二日条として「初斎院御禊、入御紫野云々」という行間補書が見える。

(14) 四六頁参考図版参照。今出川(菊亭)伊季(一六六〇~一七〇九)は貞享元年(一六八四)十二月二十三日に権大納言となり、元禄二年(一六八九)十二月二十六日にいったん辞任した後、同六年十二月二十五日に権大納言再任、宝永五年(一七〇八)正月二十一日に内大臣となる。後述の通り亀井家が『明月記』原本を入手したのは元禄四年十二月頃が最初と考えられることから、伊季は元禄六年十二月の権大納言再任前後の時期に題簽を揮毫したのであろう。

(15) 東京大学史料編纂所所蔵謄写本『亀井家明月記附属書類』(請求番号二〇七三/三七六、奥書「伯爵亀井茲常氏蔵本明治四十一年十月謄寫」)、福羽美静「明月記中の闕本いづ」(『好古雑誌』初篇七、一八八二年)参照。なお、東京大学史料編纂所所蔵『明月記』写本(請求番号四三七三/一〇)は、福羽が嘉禄三年七月記(二十二日後欠まで)を明治十五年に書写させたもので、奥書に「明月記嘉禄三年七月朔日より廿二日まで、わか旧同藩石州津和野多胡氏藏する所、今同郷亀井綾女傳来する所を借覧し書写せしめて官本の欠を補ハんとす、/明治十五年三月参事院議官福羽美静(「美静」朱印)」、「再識(「福羽」朱印)/右、亀井氏傳来定家卿自筆明月記四巻あり、/正治元年八月一巻/同九月一巻/寛喜二年自廿三日至三十日一巻/嘉禄三年即此冊/右、各元禄年間写シ添、且注釋ヲ加ヘタル冊モ添テ藏セリ(「福羽」朱印)」とある。福羽美静(一八三一~一九〇七)は津和野藩士の国学者で、藩主亀井茲監に仕えて明治新政府の神祇政策に関与した後、文部省御用掛、元老院議官、貴族院議員などを歴任した。

(16) 訓点本・注釈本計六冊は一つの箱に収められており、銀泥箱書「明月記　七月奨字私考/八月奨字私考/九月奨字私考」、箱蓋裏には箱書銘書付「箱上書久我大納言通誠卿筆」(縦一六・〇cm、横三・〇cm)が貼付されている。全六冊とも折本(縦三一・〇至三一・四cm、横一五・二至一五・三cm)、表紙中央に題簽あり(縦一八・〇cm、横三・五cm)。各冊の書誌は以下の通り。

○正治元年八月他記訓点本(一三九頁附属文書㉓)

全十七折。題簽「明月記　八月点字」、奥書「元祿第六辛酉小春十三日書之早」。天二本の界線あり、一本目にそろえて日付・記事を記す。

○正治元年九月他記訓点本

全二十折(他に白紙一折)。題簽「明月記　九月点字」。天二本の界線あり、一本目に日付、二本目に記事を揃えて記す。

○嘉禄三年七月他記訓点本(一四〇頁附属文書㉔)

全二十八折(他に白紙二折)。題簽「明月記　七月点字」(題簽貼り直しの痕跡あり)。表紙色この冊のみ薄水色、金揉箔銀砂子散し(他は渋刷毛目表紙)。表紙見返しに花鳥、裏表紙見返しに菊の絵あり。

第十九折の嘉禄三年七月二十二日条までは一面五・五行で折目に文字がかかっており（他の冊はすべて一面八行で折目に文字はかからない）、原装ではないと推測される。続く第二十折の寛喜二年九月二十三日条以降は一面五行で折目に文字がかからず、天地各一本・縦四本の押界あり。まず初めに嘉禄三年七月記の部分を巻子装で作成し、その後に寛喜二年九月記の部分をつないで折本に改装したものであろう。

○正治元年八月他記注釈本（一四一頁附属文書㉕）

全九十七折。題簽「明月記　八月 管窺抄」、奥書「元禄六歳初冬仲澣」。天二本の界線あり、本文を一本目に、注を二本目に揃えて記す。

○正治元年九月他記注釈本

全八十八折。題簽「明月記　九月 管窺抄」、奥書「元禄六年癸酉師趨後七日寫之早」。界線の体裁は右に同じ。

○嘉禄三年七月他記注釈本

全百二十三折。題簽「明月記　弄影抄 七月」、奥書「元禄六癸酉年仲夏日」。表紙見返しに梅鶯、裏表紙見返しに松竹の絵あり。天二本の界線あり。嘉禄三年七月二十二日条の末に三行分の空白があり、折を改めて冒頭から寛喜二年九月二十三日条となる。

(17) 目録の五十三番に「元禄年間冷泉家始め堂上諸名家添状十数通付。大冊の注釈書つき、新出の貴重資料。山陰某大名家伝来」の「三巻六帖」として見える。この「六帖」は後述の訓点本と注釈本を指す。

(18) 五島美術館特別展図録『定家様』（一九八七年）五五頁には「はじめて紹介する一巻」として正治元年八月他記が掲載されている。

(19) 五日条に縁者の「押小路」が亡くなったことが見えるが、『明月記』建久七年五月二十五日条に「押小路正日終云々」とあることから、同年四月のものと比定できる。

(20) 六五頁参考図版参照。

(21) 冷泉家時雨亭文庫編『冷泉家時雨亭叢書　明月記五』（朝日新聞社、二〇〇三年）所収。

(22) 九九頁参考図版参照。

(23) 附属文書参考1によれば、嘉禄三年七月記の紙背文書は、ア「一籠」で始まる二紙、イ「先雨中」で始まる二紙、ウ「来十九日」で始まる一紙、エ「築垣之事」で始まる一紙、オ「沙弥大悲」で始まる一紙、カ「戀慕」で始まる一紙（四行の断簡）、の六通であった。古筆了珉の鑑定では、アは後鳥羽院、イは仁和寺僧覚寛、ウ・エは経国（津守か）、オ・カは慈円の筆跡とされている。

(24) 請求番号リ五／一五五八四。兼築信行「早稲田大学図書館蔵『明月記』（模本）について」（『明月記研究』一、一九九六年）参照。この模本の画像は早稲田大学ホームページで公開されている「古典籍総合データベース」から閲覧することができる。

(25) 冷泉家時雨亭文庫所蔵『明月記』旧表紙集第九紙（前掲注21『冷泉家時雨亭叢書　明月記五』所収）。

(26) 『基量卿記』天和二年十月八日条。天和書写本については石田実洋「『明月記』の自筆本と転写本・逸文」（『明月記研究』八、二〇〇三年）参照。

(27) 請求番号G二七／六三一。姫野敦子「東京大学総合図書館所蔵野宮本『明月記』について」（『明月記研究』二、一九九七年）参照。

(28) 寛喜二年秋記原本は七月一日より九月九日後欠までの一巻（個人蔵）のほか、複数の断簡が存在している。東京大学史料編纂所所蔵の写真帳（請求番号六一七三／三二〇）によれば、九月九日後欠までの原本の料紙は縦二七・七至二八・〇cmで、天二本目の界線と地界との間隔はおよそ二三・四至二三・六cmである。

(29) 請求番号特九七／二／五五。冨永美香「内閣文庫所蔵『明月記』について」（『明月記研究』三、一九九八年）参照。なお、慶長の書写については『大日本史料』第十二編之十五、慶長十九年十月二十四日条参照。

(30) 請求番号徳大寺六一／八。寛喜二年九月十三日より三十日までの部分が含まれているが、野宮本と同じく欠損の痕跡を明瞭に示している。尾上陽介編『明月記　徳大寺家本八』（ゆまに書房、二〇〇六年）所収。

(31) 全五冊、請求番号H／六〇〇／一〇〇〇　ソ函二。この写本の画像は国立歴史民俗博物館ホームページで公開されている「館蔵高松宮家伝来禁裏本データベース」から閲覧することができる。

(32) 東山御文庫本『日次記』（勅封五より八まで）の僚本とされる。石田実洋「『明月記』延宝奥書本をめぐって」（『日本歴史』六四七、二〇〇二年）、同「『明月記』の自筆本と転写本・逸文」（前掲注26）参照。

(33) 早大模本では、ここで切除された文字のうち、「大将宰相」は寛喜二年九月二十二日条の「園城寺長吏僧正ヲ長老□□（僧正）御房と書之」の次に書写されている。おそらく原本のこの箇所に欠損があり、そこに貼り込まれていたものと思われる。

(34) 「行超」以下の上欄補書は高松宮本・慶長写本ともに書写されておらず、残念ながら欠損を補うことができない。

(35) この箇所には野宮本・徳大寺家本にも破損の痕跡はなく、なぜ切除されたのかは不明である。

(36) 早大模本では、ここで切除された文字のうち、「権弁為経」は寛喜二年九月十九日条の「自春長病或増或減去□□（十三）日請明恵」の次に、「勅使坊」は十八日条の「入夜前越前守朝臣来訪今日聞及由也」の次に、「魚鳥」は十九日条の「已後晴入夜俄」の次に、それぞれ書写されている。いずれも原本の欠損箇所に貼り込まれたものであろう。

(37) 指定名は「安貞元年秋記」であるが、ここでは混乱を避けるため他と揃えて「嘉禄三年八・九月他記」と称す。

(38) この付箋には「昭和卅四年六月廿三日於京都頌美堂加修補　當館／原表紙ニ外皮ヲ施シ、原表紙ニアリシオサヘノ金棒軸ヲ假ニ後補表紙ニ包ム」と注記されている。

(39) 箱内所在の書付によれば、昭和十五年一月・同二十三年十月には土橋が所蔵している。

(40) 一二七頁参考図版参照。

(41) 請求記号特一〇五／二／一一。慶長写本の欠を補うため、享保二十年に彰考館本を書写したもの。冨永美香「内閣文庫所蔵『明月記』について」（前掲注29）参照。なお、享保の補写については『大日本近世史料　幕府書物方日記』十一参照。

〔附記〕

本稿作成にあたり、遠藤珠紀氏の多大な御協力を得た。末筆ながら深く感謝申し上げる。

【附載】正治元年八月他記・九月他記、嘉禄三年七月他記附属文書

津和野藩主亀井家に伝来した原本三巻には附属文書が残されており、現在、天理図書館には包紙も含め二十二点が所蔵されている。また、東京大学史料編纂所所蔵謄写本『亀井家明月記附属書類』（本文注15参照）には、まだ原本が亀井家に所蔵されていた明治四十一年十月の段階で存在した文書が収められているが、その中には現在所在が確認できないもの二点が含まれている。

ここでは、天理図書館所蔵の文書全点（①～㉒、図版は一三〇～一三八頁に掲載）と、『亀井家明月記附属書類』にのみ見える二点（参考1・2）を翻刻する。

翻刻に際し、便宜読点を付し、①～㉒については文中の改行箇所に／を加えた。文字の上に更に文字を重ね書きした箇所については、上に書かれた文字を本文とし、その左傍に・を付し、下の文字を（×　）として右傍に注記した。

①題簽包紙1（縦二四・一cm、横三三・四cm）

久我大納言通誠公御筆　一枚

②題簽包紙2（縦二五・九cm、横三四・五cm）

明月記相添書付

③題簽包紙3（縦三一・六cm、横一五・四cm）

明月記外題久我大納言通誠卿筆／箱ノ上書御同筆

④題簽（打曇紙、縦一六・三cm、横三・三cm）

（表）明月記

（裏）久我殿／大納言通誠卿御筆

※④は三巻を収納する木箱の金泥箱書文字として使用されており、元禄四年（一六九一）十二月頃以降に順次原本を入手して現状の装幀とした後、揮毫を依頼したものと思われる。なお、久我通誠は宝永六年（一七〇九）三月十八日に内大臣に昇進する。

⑤滋野井公澄覚書包紙1（縦二四・〇cm、横三四・〇cm）

滋井大納言公澄公御筆／一枚

⑥滋野井公澄覚書包紙2（縦二八・六cm、横四〇・七cm）

滋井公澄卿ノ御筆也、／明月記ノ記也、／滋井殿ゟ来ル、

⑦滋野井公澄覚書（縦一七・九cm、横三〇・七cm）

定家卿作／毎月抄／元久の比、住吉参籠の時、／汝月明なりとよろしき／霊夢を感し侍りし／によりて、家風にそなへ／むために明月記を草し／をきて侍る事も、身には／過分のわさとそおほえ侍／る、かやうのそゝろことさへ申／侍る事も、いとかたはらいた／くそ覚侍る、

（奥裏朱書）滋井大納言公澄卿御筆

※滋野井公澄（一六七〇～一七五六）による、定家著の歌学書『毎月抄』から『明月記』という称号の由緒に関する部分を抄出したもの。公澄は享保五年（一七二〇）六月二日から同八年十一月三日まで権大納言であり、この時期に書かれたものであろう。

⑧正治元年記紙数書付小切紙（縦一五・三cm、横九・六cm）

八月一日ヨリ廿九日マテ／八枚継、
九月一日ヨリ廿九日マテ／十二枚継、

※⑧から⑪までは、原本の買得に関する文書。ここに見える日付や紙数は正治元年八月他記・同九月他記のもので、現状と同じ。⑨の包紙に入っていた可能性もある。

⑨金山猪兵衛書状包紙（縦二四・〇cm、横三四・〇cm）

明月記買入ニ付、金山ゟ之書状／二、外ニ書付小切二共、／四通

⑩金山猪兵衛書状（元禄四年辛未）十二月二日益村三右衛門宛（縦一五・五cm、横二六・九cm）

定家筆記録之覚
一、紙数七枚継、其外はゞ／三寸ノ紙奥ニ継たし在之、／以上紙数八ツ也、
口之書初ハ、
嘉禄三年
七月小
一日戊寅ト云ヨリ、七月廿二日迄／之記録也、
惣行数百九拾五行、
右之紙ノ両目廿三匁五分有、／代小判三拾五両、

未極月二日　　　金山猪兵衛

益村三右衛門殿

※⑩は嘉禄三年七月記（二十二日後欠まで）について、紙数と冒頭部分の文字、記事の終わりの日付と全体の行数、代金などを記したもので、亀井家買得の際に金山猪兵衛から益村三右衛門に提出された書状である。「未」とあるのは、⑯から元禄四年辛未と判断できる。なお、差出人の金山猪兵衛は京都在住の津和野藩御用達、宛先の益村三右衛門は津和野藩家老多胡真純（亀井茲政男）に仕える家臣であった。東京大学史料編纂所所蔵『明月記』嘉禄三年七月記写本（本文注15参照）の末尾に「添書之寫」として⑩⑪⑯㉒が書写されているが、⑩について「益村三右衛門ハ元禄年間之人、石州津和野藩多湖〔胡〕頼母真純之家臣也、金山猪兵衛ハ京都住ニ而津和野亀井家用達所也」と朱書している。

⑪金山猪兵衛書状　（元禄四年）十二月二日　益村三右衛門宛（縦一五・六㎝、横一二〇・九㎝）

追而申上候、

一、定家卿筆珎敷記録之／巻物出申候ニ付、此度預リ御慰ニ／御目ニ掛申候、紙数七枚余リ／御座候、記録之巻頭ニて／口ニ嘉禄三年七月朔日ゟ／初り、紙之内も礼紙廣くつ／ろぎ、文字も大ぶりニ出来も／見事成義、ケ様成ハ終ニ出不申候、／其上かやうニ日次無相違次第／相續、紙数ケ様ニ多キハ／出不申候、竹内三位（惟庸）様御覧被成、／被仰候ハ、是ハ定家卿之筆／作ニ明月記と申物ニて候、昔ハ／百巻程在之由、冷泉殿之／御家之寶物ニて候、先年　／禁裏様へ御取寄、御写し被仰付候、／此記録も尤其内ニて候、かやうの／大事之家之寶物他所へ／出候事、時節とハ申なから扨々／珎敷事と被仰候、冷泉殿ゟ近年／定家之筆色々御拂被成候而出／申候故、御公儀御沙汰悪敷候ニ付、／もはや重而此以後ハ御出候事／成間敷と申候、先年、紙数／十二三枚在之、出来あまり見事ニ／無之記録ノ巻物出申候而、／阿部豊後守（正武）様へ小判八拾両程ニ／被召上候由ニ御座候と承及申候、就夫／持主江戸へ指下し可申と申候を、／承申候ニ付、かやうノ珎敷物他所へ／とられ、自然重而被為聞召候／時ハ、私共不才覚不調法ニも／罷成可申と奉存才覚仕、此方へ／預リ代之義小判五拾両と申候ヲ、／三拾五両ニねぎりつめ、此度／指上御目ニかけ申候、

殿様之御道具ニ成申候共、／いかやうノ巻物ゟも明月記と／申名物、定家ノ筆ノ巻物ハ／勝可申かと奉存候、裏ノ方之／ほうぐ筆者ハ相知不申候へ共、／持主方ニ入用在之、是ハ持主へ／何も取申筈ニ御座候、其代りニ／裏をへぎ申手間代を持主／方ゟ出し可申と申候、了珉札ハ／持主ゟ取越可申と申候、冷泉殿／御方之事ハ、此比御公儀向／不宜事出来申候間、急々ニハ／添状調かたく可在御座かと申候、／右之通、明月記と申物ハ／定家ノ筆ノ内名物ニて、正真／之せんぎニ及不申候由、何も御申候、／右之趣、御前宜様ニ被取成、巻物／御目ニ御かけ被遊可被下奉頼候、／年内余日無御座候間、乍／慮外陸路御飛脚便ニ御上せ／奉頼候、御返事次第早々／江戸へ指下し申筈ニて、持主方／相待罷在申候間、頼上候、恐惶謹言、

　　　　　　　　　　金山猪兵衛

十二月二日　　　　　（花押）

益村三右衛門様

※⑩と同じく嘉禄三年七月記買得の際に金山猪兵衛から益村三右衛門に宛てた書状で、こちらには『明月記』の説明や購入を勧める文言、紙背文書を相剝ぎすることなどが書かれている。⑩と同日付であり、こちらも元禄四年のものと判断できる。元来、⑩とともに包紙⑨に入っていたものであろう。

⑫冷泉為綱添状包紙（縦二五・九㎝、横三六・九㎝）

冷泉中将為綱朝臣御添状／二四通

⑬冷泉為綱正治元年八月他記添状　五月七日　一庵宛（縦三二・四㎝、横四四・八㎝）

定家卿自筆記一巻（従八月一日到廿九日、八枚継、）／見せ給候、遂一覧候／處ニ真蹟無疑候、尤／明月記之内ニ而も可有之／哉と存候、即使返納候也、

　　五月七日　　　　（冷泉為綱花押）

（結封墨引）　　　　一庵老　　（冷）中将

⑭冷泉為綱正治元年九月他記添状　二月九日　一庵宛（縦三二・三㎝、横四五・一㎝）

記一巻、定家卿自筆（従九月一日到廿九日、十二枚継、）／遂一覧候處ニ真蹟無疑候、／尤明月記之内ニ而も可有／之哉と

存候、即使ニ一巻返／弁候也、

二月九日　　（冷泉為綱花押）

（結封墨引）　　一庵老　　（冷）中将

※⑫から㉑までは、識者から寄せられた定家自筆原本である旨を記した添状。⑬⑭は正治元年の二巻に関する冷泉家十三代当主為綱（一六六四～一七二二）の添状。二巻とも記事の範囲や紙数は現状と同じである。為綱は天和二年（一六八二）十二月二十四日から元禄六年（一六九三）十二月二十五日まで左中将であった。「一庵」は未詳であるが、これらの添状が津和野藩関係者に宛てたものであれば、嘉禄三年七月記を入手した元禄四年十二月頃より後で、元禄五年または翌六年に書かれたものとなり、亀井家が正治元年の原本二巻を入手したのもその頃と考えられる。⑬と⑭の日付が約三箇月離れていることから、二巻同時というよりは、ある程度時期をずらして入手したものか。

⑮冷泉為綱嘉禄三年七月他記添状包紙　七月二十五日　益村三右衛門宛　金山猪兵衛・同九郎兵衛（縦二五・五cm、横三六・八cm）

（表）多胡（真武）主水様御用／定家卿記録七月朔日ヨリ晦日迄／冷泉中将為綱朝臣　添状二通

（裏）七月廿五日／封／益村三右衛門殿　金山猪兵衛／同九郎兵衛

⑯冷泉為綱嘉禄三年七月記添状　元禄四年十二月二十二日（折紙、縦三一・六cm、横四四・九cm）

定家卿記嘉禄三年到（自カ）七月一日到同廿二日、右一巻、明月記之中ニ而も／可有之候哉と存候、真蹟／無疑、殊見叓ニ存候、／可有御秘蔵候也、

元禄四年十二月廿二日　　（冷泉中将）（為綱花押）

⑰冷泉為綱寛喜二年九月記添状　七月二十三日（縦一六・九cm、横四六・二cm）

記一巻自廿三日到卅日、遂一覧候處ニ、尤／定家卿之真蹟／無疑候也、即令／返進候、以上、

七月廿三日　　（冷泉為綱花押）

回章　　冷泉中将

（切封墨引）

※⑯⑰はそれぞれ嘉禄三年七月記と寛喜二年九月記について書かれた添状であるが、包紙⑮の記述から、⑯⑰の二巻を併せて朔日から晦日まで日付を通した一巻とすることを前提に、二通一緒に提出されたものか。為綱が左中将であったのは元禄六年十二月二十五日までであり、⑰は元禄五年または翌六年の七月のものと考えられ、二巻を接続したのは元禄五年七月以降であることが判明する。⑮以下に見える多胡主水真武は津和野藩家老で、執政として藩財政を好転させた後、元禄三年十月に家督を嗣子頼母真純に譲り、同八年七月五日に没した（国会図書館所蔵『亀井茲矩伝十二』、『津和野町史二』）。

⑱花山院定誠添状包紙（縦二五・四cm、横三六・五cm）

（表）明月記之儀ニ付／花山院前内大臣定誠公添状

（裏）封

⑲花山院定誠嘉禄三年七月記添状　五月二十一日　多胡真武宛（縦二四・一cm、横四七・七cm）

（端裏）「（結封墨引）多湖（胡）（真武）主水殿　　（花山院定誠花押）」

定家卿真蹟明月記／嘉禄三年炑、周覧感悦々々、／曩観冷泉家蔵書字／畫奸緊、無彼此之異、／希代之名記尤可被／弥重候也、不宣、

仲夏廿一日　　（花山院定誠花押）

※⑲には別に訓点を付した写し一通もある（縦二六・三cm、横三七・二cm）。この添状が書かれたのは嘉禄三年七月記が寛喜二年九月記と接続される前か後かは不明であるが、花山院定誠（一六四〇～一七〇四）は元禄五年二月二十六日に出家していることから、出家後間もない同年五月（すなわち寛喜二年九月記と接続される前）のものであろうか。

⑳庭田重条添状包紙（縦二五・九cm、横三七・〇cm）

庭田前中納言殿御添状壱通

㉑庭田重条添状　四月二十七日　多胡真武宛（折紙、縦三六・一cm、横五三・四cm）

當月九日之芳翰令／披誦候、弥堅躰之由珎重／存候、手前儀示給候之通、／先頃関東令下向、首尾能相勤、去月下旬／致上京候、然者定家卿／自記之巻物被相求候ニ付、／其節金山氏度々参候而／修餝之儀相尋候、不鍛錬／候得共、聊存寄申聞、／一軸出来之上、指下候処、／依之慇懃之紙面、還而／痛入存候、真蹟別而／見事成一軸、自愛／

之段察存候、殊蜂蜜／一器五斤、・粕漬鯛一桶／預恵給、過量之至／存候、蜂蜜者其地之産／之由、大切之一器、欣躍／此事候、不宣、

庭田前中納言

卯月廿七日　（重条花押）

多胡主水（真武）殿

※㉑は庭田重条（一六五〇～一七二五）の添状。文中に先頃関東に下向し先月（三月）帰京したことが見えるが、重条は元禄四年から九年まで毎年三月に仙洞使・本院使として江戸に向かい、将軍徳川綱吉引見や寛永寺・増上寺参詣を行っており（『徳川実紀』）、同十年七月二十五日に権大納言となる。

㉒金山九郎兵衛・同猪兵衛書状　八月九日　益村三右衛門宛（縦一五・九㎝、横一三三・六㎝）

追而申上候、

一、先日被仰下候霜月・極月／記録之義、最前之取次ハ／只今居不申候ニ付、外ニ手寄／才覚仕、とくと承届申候処、／御家ニ于今両月記録／其まゝ御座候由申候、然とも／只今金銀指而御入用之義も／無御座候故、御談合之沙汰も／無御座候、其上御家ニ在之／定家卿筆之分ハ、皆々／御公義様へ相聞、尤御蔵ニ／禁裏様ゟ之官符、其上ニ武家ゟ所司代之符付候而／御座候由、次第ニ江戸向御／遠慮多御座候故、少々／符ノ不付、目録はつれの／物御座候而も、世間へ御出し被成候／義、殊外御つゝしミ被成候由ニ／御座候、二三年以前とハ、／いかふ様子六ケ敷罷成申候、／能時分ニ記録共被為召上、／今ニ至テ乍憚弥大慶ニ／奉存候、世間ニ何角と御家（冷泉之）／之事取沙汰在之様ニ、／冷泉殿へ相聞へ、中〱／御気遣（ハ）かり被成候由ニ御座候、／然共只今迄御あやまりハ少も／無御座由ニ御座候、当秋中ニハ／御公義ゟ冷泉殿御蔵／書物先年之通虫拂／可在御座哉とも沙汰仕候、とかく／右之通ニ御座候故（×間）、連々ニ心／がけ、（若）御拂可被成様子在之候ハゝ、／此方へ早々内證申越候筈ニ／約束仕置申候、右之趣、／御前宜様ニ御取成奉頼候、

一、右之外ニ記六可在之かと奉／存候由候、承合見申候へは、先年／壱巻質物ニ出申候由、其記／録いまた御家（へ）もどり／不申、又御家ゟ御手きれも／無御座由申候、何月ノ記／六と申事も相知不申候、先年／御公義ゟ御僉義のつよく／無御座内ハ、目録ニのり申候／内ヲ御内證御手詰り之時分、／當座御取出シ金銀御借り／被成、早速請もどし、前々之／通納置申様ニ家来衆／才覚仕と相聞へ申候、其内／請もどしノ才覚不調分、／無是非世間ニとゞまり、左様／之分連々ニ先年出申候故、／只今ニ至テハ世間ニも殊外／大切ニ罷成申候由ニ御座候、ケ様／之分、今程ハ世間能存候と／申沙汰ニ御座候、右之通、／私方ニ而承出申候、壱巻之／義若埒明様子など御座候ハゝ、／可奉窺候、霜月・極月之／記六ハ殊外大破損（×大損）之所／御座候而、最前之三ケ月記六／之御巻物之様ニハ無御座候、／猶追而可申上候、恐惶謹言、

八月九日　金山九郎兵衛（花押）

同　猪兵衛（花押）

益村三右衛門様

※これも原本の売買に関する書状であるが、亀井家側から金山猪兵衛らに十一月・十二月の記録を求めたのに対し、冷泉家の蔵には禁裏・武家双方から封がなされ、二三年前とは状況が異なり、原本を流出させることがとても困難であることを述べている。いつ頃のものかは不明であるが、以前の三箇月の記録のようにはいかないと見えることから、嘉禄元年七月他記・正治元年八月他記・同九月他記の三巻すべてを入手した後のもので、さらに十一月・十二月の原本を求めていたことがうかがえる。

（参考1）金山九郎兵衛・同猪兵衛書状　四月十七日　益村三右衛門宛

追而申上候、

一、裏文之御巻物紙数七枚余、何も了珉筆者相極被申候間、此度指上申候、

覚

一、一籠と書初在之弐枚継文、後鳥羽院弥御正筆と被申候、

一、先雨中と書初在之弐枚文、仁和寺ノ僧覺寛弥正筆と被申候、

一、来十九日と書初在之壱枚文、經國（津守カ）と名在之、弥正筆と被申候、

一、築垣之事と書初在之文壱枚、茂入（朝倉）方ニてハ相知レ不申候、了珉（古筆）ハ經國同筆と被申候、

一、沙弥大悲と名在之文壱枚、茂入ニてハ相知不申候、了珉ハ大僧正慈鎮筆と被申候、大悲と申ハ慈鎮之名ニてハ無御座候、然共代筆又ハ當座替名書付候事、古筆ニハ例多事ニ而御座候、とかく手跡ハ慈鎮正筆まぎれ無之ト被申候、

一、四行ノ小切壱枚、戀慕と書初在之も慈鎮同筆と被申候、初ゟ同筆とは相見申候故、大悲ノ文之口へ継申候、然共四行目文字少々きれ候而在之故、了珉外題ハ別ニ調被申筈ニ仕候、

右之通、七枚と小切壱ツともニ不残筆者了珉相極被申候、慈鎮ハ後鳥羽院之御時、定家・家隆・後京極・西行・俊成なと六哥仙之内ニ入、定家同前ノ和歌ノ名人之由ニ御座候、

一、右之外題之儀、了珉此中彼是取延被申、其上しれかたき分何と歟相極進上仕度と被存、色々見合吟味被致延引仕候由、右之通極札相調、追而差越可申由被申候、然とも私奉存候者、只今迄延引恐入候上、又々彼是相延可申段如何と奉存、私申候ハ、此度能船便在之候間、海上気遣なく指下し申度と申候へハ、さ候は巻物ハ成程能見届置之間、先達而巻物ハ指下申候様ニと被申、相渡し被申候故請取、則此度御巻物差上申候、外題も追付相調越被申候筈ニ、了珉之堅く約束仕申候間、参次第指上可申候、

一、右之点字一通相調、此度差上申候、大炊御門大納言(経音カ)様かやうノ古筆ノよめかたき物能御考被成候とて、堂上様方御肝焚被下御目ニかけ、大形点相済申候、所々未相知不申候ハ、無是悲(非)其上下ノ方きれ申候故、読つゝき被求かたき由ニ御座候、点ノ儀、墨ニて付申候へハ、反古ノ様ニ成申候由故、朱点ニ仕指上申候、

一、覺寛・經國系圖随分御考頼上才覚仕、此度書付上申候、慈鎮なとも一所ニ系図目録ニ書加上申候、

一、記録御巻物冷泉殿御添状一通此度指上申候、箱之銘弐いまた御出来不被成、延引何とも奉致迷惑候、冷泉殿ゟ出申候名物之外題故、御遠慮等ニて埒明兼、御見合被成候故、御如才無之なから相延申候由、頼上候御方々被仰候、猶以無油断頼上候間、出来次第銘書仕箱指上可申候、御添状を此方ニ為念只今迄指置申候得共、もはや其段ニ不及相調可申由ニ付、此度御添状差上申候、

一、修幅表紙之儀ハ、記録御巻物と一對ノ御儀と奉存、同前之切ニて仕上申候、惣様之修幅ハ手かろく仕、箱も木地ニ而差上申候、内袖もやう之儀ハ、明月記ノうらニて御座候故、明月ノ浦ノ心持可然かと左様之景気ニ仕上申候、兼而被為仰付候通、諸事乍憚見合仕らせ差上申候、如何御首尾乍恐無御心元奉存候、

一、記録之点字ハ箱之銘書一所ニ指上可申候、何も相揃一所ニ早々指上申度と奉願候得共、何角と奉致延引迷惑候、

一、記録御巻物、此度之裏文之御巻物修幅萬入用注文此度指上申候、直段手間代諸事随分僉議仕上申候、うすき紙両面役ニ相立申儀ニ付、存之外殊外六ケ敷、御推量被遊被下ゟハ手間入申候御儀ニ御座候、宜様ニ奉頼候、

一、御當地御静謐相違御儀無御座候、右之趣御座候之刻、御前宜敷様ニ御取成御申上奉頼候、恐惶謹言、

卯月十七日　金山九郎兵衛　花押

同　猪兵衛　花押

益村三右衛門様

※嘉禄三年七月記から相剝ぎした紙背文書六点（本文注23参照）について、古筆了珉による筆跡鑑定や成巻の様子について記している。文中に見える「大炊御門大納言様」は、宝永六年（一七〇九）六月一日から正徳四年（一七一四）四月二十三日まで権大納言であった経音（一六八二〜一七一四）であろうか。

（参考2）古筆了珉書状　五月六日　多胡真武宛

（折紙）

一筆啓上仕候、弥御堅固ニ御座候由珍重奉存候、然者文壱巻被遣候、則付札六枚相調進申候、珎敷物共ニ御座候、巻物先達而返進仕候、付札只今差下申候、取紛申儀共御座候而、遅引罷成申候、猶期後信之時候、恐惶謹言、

五月六日　古筆了珉

花押

多胡主水(真武)様

※嘉禄三年七月記から相剝ぎした紙背文書六点の極札（「付札」）に関するもの。

新天理図書館善本叢書 第5巻　明月記

2015年12月24日　初版発行

定価（本体27,000円＋税）

編集　天理大学附属　天理図書館
代表　諸井慶一郎
〒632-8577 奈良県天理市杣之内町1050

刊行　(学)天理大学出版部
代表　東井光則

製作　株式会社　八木書店古書出版部
代表　八木乾二
〒101-0052 東京都千代田区神田小川町3-8
電話 03-3291-2969（編集）-6300（FAX）

発売　株式会社　八木書店
〒101-0052 東京都千代田区神田小川町3-8
電話 03-3291-2961（営業）-6300（FAX）
http://www.books-yagi.co.jp/pub/
E-mail pub@books-yagi.co.jp

製版・印刷　天理時報社
製　　本　博勝堂

ISBN978-4-8406-9555-8　第1期第5回配本